LES
AUTEURS LATINS

EXPLIQUÉS D'APRÈS UNE MÉTHODE NOUVELLE

PAR DEUX TRADUCTIONS FRANÇAISES

Cet ouvrage a été expliqué littéralement, annoté et revu pour la traduction française, par M. Sommer, agrégé des classes supérieures, docteur ès lettres.

Paris. — Imprimerie de Ch. Lahure, rue de Fleurus, 9.

LES
AUTEURS LATINS

EXPLIQUÉS D'APRÈS UNE MÉTHODE NOUVELLE

PAR DEUX TRADUCTIONS FRANÇAISES

L'UNE LITTÉRALE ET JUXTALINÉAIRE PRÉSENTANT LE MOT A MOT FRANÇAIS
EN REGARD DES MOTS LATINS CORRESPONDANTS
L'AUTRE CORRECTE ET PRÉCÉDÉE DU TEXTE LATIN

avec des sommaires et des notes

PAR UNE SOCIÉTÉ DE PROFESSEURS

ET DE LATINISTES

CICÉRON

PLAIDOYER POUR MILON

PARIS

LIBRAIRIE DE L. HACHETTE ET Cie

BOULEVARD SAINT-GERMAIN, N° 77

1864

AVIS

RELATIF A LA TRADUCTION JUXTALINÉAIRE.

On a réuni par des traits les mots français qui traduisent un seul mot latin.

On a imprimé en *italique* les mots qu'il était nécessaire d'ajouter pour rendre intelligible la traduction littérale, et qui n'avaient pas leur équivalent dans le latin.

Enfin, les mots placés entre parenthèses, dans le français, doivent être considérés comme une seconde explication, plus intelligible que la version littérale.

ARGUMENT ANALYTIQUE.

L'an de Rome 700, Milon demandait le consulat, et Clodius, son ennemi personnel, briguait la préture. Il était évident pour celui-ci qu'un consul tel que Milon le gênerait beaucoup dans l'exercice de sa magistrature : un double intérêt de politique et de vengeance lui fit tout employer pour l'écarter du consulat. Il s'attacha fortement à ses rivaux; les esprits s'échauffèrent; chacun avait son armée, et les deux partis en vinrent aux mains.

Ces troubles différèrent longtemps l'élection des consuls : une rencontre malheureuse, où périt Clodius, ruina toutes les espérances de Milon. Le hasard seul amena ce fatal événement. Ils se rencontrèrent sur la voie Appia, le 20 janvier 701. Clodius revenait de la campagne, à cheval, avec trois amis et une suite de trente esclaves armés. Milon était en voiture avec sa femme; sa suite était plus nombreuse; on y comptait même quelques gladiateurs.

Les esclaves prirent aisément querelle : Clodius s'étant retourné au bruit, menaça et frappa les gens de Milon. Un des gladiateurs lui perça l'épaule d'un coup de lance. On le porta dans une auberge. Instruit de ce qui se passe, Milon pense que, Clodius étant blessé, le plus mauvais parti est de le laisser vivre; en conséquence, il ordonne à ses gens de forcer l'auberge, et de le tuer. L'ordre est exécuté.

Le corps de Clodius, transporté à Rome, fut exposé tout sanglant sur la tribune, et ses partisans lui dressèrent un bûcher dont la flamme se communiqua au palais du sénat et aux basiliques voisines, qu'elle réduisit en cendres. Cet incendie causa encore plus d'indigna tion que la mort de Clodius.

Alors Milon, dont les ennemis s'étaient rendus odieux par leurs excès, osa rentrer dans Rome : il essaya de se justifier devant l'assemblée du peuple; il fit distribuer de l'argent; mais cette dépense produisit peu d'effet. Les tribuns continuèrent d'irriter la multitude contre lui.

Dans cet état de trouble et d'anarchie, le 25 février, Pompée fut créé consul, sans collègue; et bientôt, sur une loi portée par ce magistrat unique, Milon fut accusé devant une commission extraordinaire. Les accusateurs étaient Appius, neveu de Clodius, M. Antonius et P. Valérius Népos.

Cicéron le défendit seul, le 8 avril, mais il fut moins heureux pour lui qu'il ne l'avait été pour tant d'autres accusés. Il était naturellement timide; et dans cette occasion, la vue des soldats dont la place était environnée, les clameurs des partisans de Clodius, et peut-être plus encore la présence de Pompée, qu'il savait prévenu contre Milon, tout semblait se réunir pour le déconcerter. Il fut quelque temps à se remettre, et parvint avec peine à se faire écouter : mais il ne put jamais revenir de cette première impression qui avait affaibli toute sa plaidoirie, et ne lui permit pas de déployer tous ses moyens.

Nous n'avons pas le discours qu'il prononça, et qui subsistait encore u temps d'Asconius Pédiapus (*Argum. orat. pro Milone*) et de Quintilien (*Instit. orat.* IV, 4). Celui qui nous reste a été composé après le jugement du procès. Il a toujours passé pour un des chefs-d'œuvre de Cicéron. Nous y trouvons toutes les parties dont un discours peut se composer, et chacune est parfaite dans son genre. On admire la modestie et la douceur insinuante de l'exorde, l'énergie et la chaleur de la réfutation, l'adresse et la netteté de la narration, la méthode, la clarté, la force du raisonnement dans la première partie de la confirmation, et dans la seconde la véhémence des mouvements oratoires, mais surtout le pathétique touchant qui anime la péroraison. Aussi, lorsque Milon reçut ce plaidoyer qui lui avait été envoyé dans son exil, il s'écria : O Cicéron! si vous aviez parlé ainsi, je ne mangerais pas d'aussi bon poisson à Marseille. *O Cicero! si sic dixisses, non ego barbatos pisces Massiliæ sderem.*

Cicéron, lorsqu'il plaida cette cause, avait cinquante-cinq ans.

ORATIO

PRO T. A. MILONE.

I. Etsi vereor, judices, ne turpe sit, pro fortissimo viro dicere incipientem, timere, minimeque deceat, quum T. Annius ipse magis de reipublicæ salute, quam de sua, perturbetur [1], me ad ejus causam parem animi magnitudinem afferre non posse; tamen hæc novi judicii nova forma [2] terret oculos, qui, quocumque inciderint, veterem consuetudinem fori et pristinum morem judiciorum requirunt. Non enim corona consessus vester cinctus est, ut solebat; non usitata frequentia nos stipati sumus [3].

Nam illa præsidia, quæ pro templis omnibus cernitis [4], etsi contra vim collocata sunt, non afferunt tamen oratori aliquid [5], ut in foro et in judicio, quanquam præsidiis salutaribus et

---

I. JUGES, il est honteux peut-être de trembler au moment où j'ouvre la bouche pour défendre le plus courageux des hommes; peut-être, lorsque Milon, oubliant son propre danger, ne s'occupe que du salut de la patrie, je devrais rougir de ne pouvoir apporter à sa cause une fermeté d'âme égale à la sienne; mais, je l'avoue, cet appareil nouveau d'un tribunal extraordinaire effraye mes regards : de quelque côté qu'ils se portent, ils ne retrouvent ni l'ancien usage du forum, ni la forme accoutumée de nos jugements. Cette enceinte où vous siégez n'est plus aujourd'hui environnée par la foule, et nous n'avons pas à nos côtés cette multitude qui se pressait pour nous entendre.

Les troupes que vous voyez remplir les portiques de tous ces temples, quoique destinées à repousser la violence, ne sont pas faites cependant pour rassurer l'orateur : quelque utile, quelque nécessaire

PLAIDOYER

POUR T. A. MILON.

I. Etsi vereor, judices,
ne sit turpe,
incipientem dicere
pro viro fortissimo,
timere,
deceatque minime,
quum T. Annius ipse
perturbetur
de salute reipublicæ
magis quam de sua,
me non posse afferre
ad causam ejus
magnitudinem animi
parem;
tamen hæc forma nova
judicii novi
terret oculos, qui,
quocumque inciderint,
requirunt
veterem consuetudinemfori
et morem pristinum
judiciorum.
Vester enim consessus
non est cinctus corona,
ut solebat;
non sumus stipati
frequentia usitata.
   Nam illa præsidia,
quæ cernitis
pro omnibus templis,
etsi sunt collocata
contra vim,
non afferunt tamen
aliquid oratori,
ut in foro
et in judicio,

I. Bien que je craigne, juges,
qu'il ne soit honteux,
en commençant à parler
pour un homme très-courageux,
d'éprouver-de-la-crainte,
et qu'il ne convienne pas du tout,
tandis que T. Annius lui-même
est agité
pour le salut de la république
plutôt que pour le sien,
moi ne pouvoir apporter
à la cause de lui
une grandeur d'âme
égale *à la sienne;*
cependant cette forme nouvelle
d'un jugement nouveau
effraye *mes* yeux, qui,
de quelque côté qu'ils soient tombés,
recherchent
l'ancienne coutume du forum
et l'usage antérieur
des jugements.
Car votre assemblée
n'est pas entourée d'un cercle,
comme elle avait coutume *de l'être;*
nous ne sommes pas pressés
par l'affluence habituelle.
   Car ces troupes,
que vous voyez
devant tous les temples,
bien qu'elles aient été placées
contre la violence,
n'apportent pas cependant
quelque chose à l'orateur,
de sorte que dans un forum
et dans un jugement,

necessariis septi sumus, tamen ne non timere quidem sine aliquo timore possimus. Quæ si opposita Miloni putarem, cederem tempori, judices, nec inter tantam vim armorum existimarem oratori locum esse. Sed me recreat et reficit Cn. Pompeii, sapientissimi et justissimi viri, consilium: qui profecto nec justitiæ suæ putarel esse, quem reum sententiis judicum tradidisset, eumdem telis militum dedere; nec sapientiæ, temeritatem concitatæ multitudinis auctoritate publica armare.

Quamobrem illa arma, centuriones, cohortes, non periculum nobis, sed præsidium denuntiant; neque solum ut quieto, sed etiam ut magno animo simus, hortantur; neque auxilium modo defensioni meæ, verum etiam silentium pollicentur. Reliqua vero multitudo, quæ quidem est civium, tota nostra est; neque eorum quisquam, quos undique intuentes, unde aliqua pars fori adspici potest et hujus exitum

même que soit leur présence, elle ne peut empêcher que, dans le fo rum et devant un tribunal, un sentiment de crainte ne se mêle toujours à la confiance qu'elle nous inspire. Si je croyais que ces forces fussent armées contre Milon, je céderais aux circonstances, et je ne penserais pas qu'on dût rien attendre de l'éloquence contre la puissance des armes. Mais les intentions d'un citoyen aussi juste, aussi sage que Pompée, me rassurent et dissipent mes craintes. Sans doute sa justice lui défendrait de livrer au fer des soldats un accusé qu'il a remis au pouvoir des juges, et sa prudence ne lui permettrait pas d'armer de l'autorité publique les fureurs d'une multitude égarée.

Ainsi donc ces armes, ces centurions, ces cohortes, nous annoncent des protecteurs, et non des ennemis; ils doivent, je ne dis pas calmer nos inquiétudes, mais noŭs remplir de courage; ils me promettent, non pas seulement un appui, mais le silence dont j'ai besoin. Le reste de l'assemblée, je parle des citoyens, nous est entièrement favorable; et parmi cette foule de spectateurs que vous voyez, dans l'attente de ce jugement, fixer ici leurs regards, de tous les lieux d'où l'on peut apercevoir quelque partie du forum, il n'est personne qui

quanquam sumus sep:i	quoique nous soyons entourés
præsidiis salutaribus	de gardes salutaires
et necessariis,	et nécessaires,
tamen ne possimus quidem	cependant nous ne pourrions pas même
non timere	ne pas craindre
sine aliquo timore.	sans quelque (aucun) sujet-de-crainte.
Quæ si putarem	Lesquelles *troupes* si je croyais
opposita Miloni,	placées-contre Milon,
cederem tempori, judices,	je céderais à la circonstance, juges,
nec existimarem	et je ne penserais pas
inter tantam vim armorum	au milieu d'une si grande puissance d'ar-
esse locum oratori.	être une place pour l'orateur. [mes
Sed consilium Cn. Pompeii,	Mais l'intention de Cn. Pompée,
viri sapientissimi	homme très-sage
et justissimi,	et très-juste,
me recreat et reficit :	me ranime et *me* raffermit :
qui profecto	*lui* qui assurément
nec putaret esse	et ne croirait pas être
suæ justitiæ,	de sa justice
dedere telis militum	d'abandonner aux traits des soldats
eumdem,	le même *homme,*
quem tradidisset reum	qu'il aurait livré *comme* accusé
sententiis judicum;	aux suffrages des juges ;
nec sapientiæ,	et ne *croirait* pas *être* de *sa* sagesse
armare auctoritate publica	d'armer de l'autorité publique
temeritatem	l'audace
multitudinis concitatæ.	d'une multitude soulevée.
Quamobrem illa arma,	Ainsi ces armes,
centuriones, cohortes,	*ces* centurions, *ces* cohortes,
non denuntiant nobis	n'annoncent pas à nous
periculum, sed præsidium ;	danger, mais protection ;
neque hortantur solum,	et ils ne *nous* exhortent pas seulement,
ut simus animo quieto,	que nous soyons d'un esprit tranquille,
sed etiam ut	mais encore que *nous soyons*
magno ;	d'un *esprit* courageux ;
neque pollicentur modo	et ils ne promettent pas seulement
meæ defensioni	à ma défense
auxilium,	l'appui,
verum etiam silentium.	mais encore le silence.
Reliqua vero multitudo,	Or le reste de la multitude,
quæ quidem est civium,	qui du moins est de citoyens,
est tota nostra ;	est tout-entière nôtre ;
neque quisquam eorum,	et *il n'est* personne de ceux,
quos videtis	que vous voyez
intuentes undique,	regardant de-tous-les-côtés,
unde aliqua pars fori	d'où quelque partie du forum
potest adspici,	peut être aperçue,

judicii videtis exspectantes, non, quum virtuti Milonis favet, tum de se, de liberis suis, de patria, de fortunis hodierno die decertari putat.

II. Unum genus est adversum infestumque nobis, eorum, quos P. Clodii furor rapinis et incendiis et omnibus exitiis publicis pavit[1]; qui hesterna etiam concione incitati sunt, ut vobis voce præirent, quid judicaretis[2]. Quorum clamor, si qui forte fuerit, admonere vos debebit, ut eum civem retineatis, qui semper genus illud hominum clamoresque maximos pro vestra salute neglexit. Quamobrem adeste animis, judices, et timorem, si quem habetis, deponite. Nam, si unquam de bonis et fortibus viris, si unquam de bene meritis civibus potestas vobis judicandi fuit, si denique unquam locus amplissimorum ordinum delectis viris[3] datus est, ubi sua studia erga fortes et bonos cives, quæ vultu et verbis sæpe significassent,

ne forme des vœux pour Milon; personne qui, dans la cause de ce vertueux citoyen, ne retrouve sa propre cause, celle de ses enfants, de sa patrie, et de ses plus chers intérêts.

II. Une seule classe nous est contraire; et nos seuls ennemis sont les hommes que la fureur de Clodius a nourris par les rapines, par les incendies et par tous les désastres publics. Dans l'assemblée d'hier, on les a même excités à vous prescrire hautement l'arrêt qu'ils veulent que vous rendiez. Leurs cris, s'ils osent se faire entendre, doivent vous avertir de conserver un citoyen qui toujours brava pour vous les gens de cette espèce et les plus insolentes clameurs. Que vos âmes s'élèvent donc au-dessus de toutes les craintes; car si jamais vous avez eu le pouvoir de prononcer sur des hommes braves et vertueux, sur des citoyens distingués par leurs services; si jamais des juges choisis dans les ordres les plus respectables ont eu l'occasion de manifester, par des effets et par un arrêt solennel, cette bienveillance que leurs regards et leurs paroles ont tant de fois annoncée aux gens

et exspectantes exitum	et attendant l'issue
hujus judicii,	de ce jugement,
quum favet	*qui,* non-seulement *ne* favorise *de ses vœux*
virtuti Milonis,	la vertu de Milon,
tum non putat decertari	mais encore ne pense être débattu
die hodierno	dans le jour d'aujourd'hui
de se, de suis liberis,	au sujet de lui, de ses enfants,
de patria, de fortunis.	de la patrie, de *sa* fortune.
II. Unum genus	II. Une seule classe
est adversum	est contraire
infestumque nobis,	et ennemie à nous,
eorum,	*la classe* de ceux,
quos furor P. Clodii	que la fureur de P. Clodius
pavit rapinis et incendiis	a repus de rapines et d'incendies
et omnibus exitiis publicis;	et de tous les désastres publics;
qui etiam concione hesterna	qui même dans l'assemblée d'-hier
incitati sunt,	ont été excités
ut præirent vobis	*à ce* qu'ils précédassent vous
voce,	par la voix (par leurs cris),
quid judicaretis.	*pour vous indiquer* ce que vous jugeriez.
Quorum clamor,	Desquels *hommes* la clameur,
si qui fuerit forte,	si quelqu'une est (s'élève) par hasard,
debebit vos admonere,	devra vous avertir,
ut retineatis eum civem,	que vous conserviez ce citoyen,
qui neglexit semper	qui a bravé toujours
pro vestra salute	pour votre salut
illud genus hominum	cette espèce d'hommes
maximosque clamores.	et les plus grandes clameurs.
Quamobrem, judices,	Ainsi, juges,
adeste animis,	soyez-ici avec *vos* courages,
et deponite timorem,	et déposez la crainte,
si habetis quem.	si vous *en* avez quelqu'une.
Nam, si unquam	Car, si jamais
potestas judicandi	le pouvoir de juger
fuit vobis	a été à vous
de viris bonis et fortibus,	sur des hommes bons et courageux,
si unquam	si jamais *il a été à vous*
de civibus meritis bene,	sur des citoyens qui ont mérité bien,
si denique unquam	si enfin jamais
locus datus est	une occasion a été donnée
viris delectis	à des hommes choisis
ordinum amplissimorum,	des ordres les plus respectables,
ubi declararent	où ils pussent déclarer
re et sententiis	par le fait et par *leurs* suffrages
sua studia	leur bienveillance
erga cives fortes et bonos,	envers les citoyens courageux et bons,
quæ significassent sæpe	qu'ils avaient manifestée souvent

re et sententiis declararent; hoc profecto tempore eam potestatem omnem vos habetis, ut statuatis, utrum nos, qui
semper vestræ auctoritati dediti fuimus, semper miseri lugeamus, an, diu vexati a perditissimis civibus, aliquando per
vos ac vestram fidem, virtutem sapientiamque recreemur.

Quid enim nobis duobus[1], judices, laboriosius? quid magis
sollicitum, magis exercitum dici aut fingi potest? qui, spe
amplissimorum præmiorum ad rempublicam adducti, metu
crudelissimorum suppliciorum carere non possumus. Equidem
ceteras tempestates et procellas, in illis duntaxat fluctibus
concionum, semper putavi Miloni esse subeundas, quod semper pro bonis contra improbos senserat : in judicio vero, et
in eo consilio, in quo ex cunctis ordinibus amplissimi viri
judicarent, nunquam existimavi spem ullam esse habituros
Milonis inimicos, ad ejus non salutem modo exstinguendam,
sed etiam gloriam per tales viros infringendam.

de bien, ce moment heureux est arrivé : vous êtes les maîtres de décider si nous sommes pour jamais condamnés aux larmes, nous qui
fûmes toujours dévoués à votre autorité, ou si nous pouvons, après
tant de persécutions, attendre enfin de votre équité, de votre courage,
de votre sagesse, quelques adoucissements à nos longues infortunes.

En effet, quelle existence plus pénible que la nôtre! quels tour-
ments! quelles épreuves! Nous avions consacré nos soins à la république dans l'espoir des récompenses les plus honorables, et nous
sommes réduits à craindre les plus cruels supplices. Dans le tumulte
des factions populaires, sans doute l'effort de la tempête a dû retom-
ber sur Milon, puisque, fidèle aux bons citoyens, il s'est toujours
déclaré contre les méchants; mais que dans un jugement, que dans
un tribunal composé de l'élite de tous les ordres, ses ennemis aient
pu compter sur des juges tels que vous, non-seulement pour proscrire
sa vie, mais même pour flétrir sa gloire, c'est à quoi je ne me suis
jamais attendu.

vultu et verbis ;   par le visage et les paroles ;
hoc tempore profecto   dans ce temps assurément
vos omnes habetis   vous tous vous avez
eam potestatem,   ce pouvoir,
ut statuatis,   que vous décidiez,
utrum nos,   si nous,
qui semper fuimus dediti   qui toujours avons été dévoués
vestræ auctoritati,   à votre autorité,
lugeamus semper miseri,   nous devons gémir toujours malheureux
an, vexati diu   ou si, persécutés longtemps
a civibus perditissimis,   par les citoyens les plus pervertis,
recreemur aliquando   nous serons ranimés enfin
per vos ac vestram fidem,   grâce à vous et à votre équité,
virtutem sapientiamque.   à *votre* courage et à *votre* sagesse.

   Quid enim laboriosius   Quoi en effet de plus laborieux
nobis duobus, judices?   que nous deux, juges?
quid magis sollicitum,   quoi de plus inquiété,
magis exercitum   de plus tourmenté
potest dici aut fingi?   peut être dit ou être imaginé?
qui, adducti   *nous* qui, attirés
ad rempublicam   vers la république
spe præmiorum   par l'espoir des récompenses
amplissimorum,   les plus considérables,
non possumus carere metu   ne pouvons être-exempts de la crainte
suppliciorum   des supplices
crudelissimorum.   les plus cruels.
Equidem semper putavi   Assurément j'ai toujours pensé
ceteras tempestates   les autres tempêtes
et procellas   et agitations
esse subeundas Miloni,   être à-subir pour Milon,
duntaxat in illis fluctibus   seulement dans ces flots (tumultes)
concionum,   des assemblées,
quod semper senserat   parce que toujours il avait opiné
pro bonis contra improbos :   pour les bons contre les pervers :
in judicio vero,   mais dans un jugement,
et in eo consilio,   et dans un tel conseil,
in quo judicarent   dans lequel jugeraient
viri amplissimi   les hommes les plus recommandables
ex cunctis ordinibus,   de tous les ordres,
nunquam existimavi   jamais je n'ai pensé
inimicos Milonis   les ennemis de Milon
esse habituros ullam spem,   être devant avoir aucune espérance,
non modo ad salutem ejus   non-seulement pour le salut de lui
exstinguendam,   devant être anéanti,
sed etiam gloriam   mais encore *pour sa* gloire
infringendam   devant être brisée
per tales viros.   au moyen de tels hommes.

Quanquam in hac causa, judices, T. Annii tribunatu[1], re-
busque omnibus pro salute reipublicæ gestis, ad hujus criminis defensionem non abutemur, nisi oculis videritis insidias
Miloni a Clodio esse factas ; nec deprecaturi sumus, ut crimen
hoc nobis multa propter præclara in rempublicam merita
condonetis ; nec postulaturi, ut, si mors P. Clodii salus vestra
fuerit, idcirco eam virtuti Milonis potius, quam populi romani
felicitati assignetis. Sin illius insidiæ clariores hac luce fuerint, tum denique obsecrabo obtestaborque vos, judices, si
cetera amisimus, hoc saltem nobis ut relinquatur, ab inimicorum audacia telisque vitam ut impune liceat defendere.

III. Sed, antequam[2] ad eam orationem venio, quæ est
propria nostræ quæstionis, videntur ea esse refutanda, quæ
et in senatu ab inimicis sæpe jactata sunt, et in concione
sæpe ab improbis , et paulo ante ab accusatoribus ; ut, omni

Cependant je ne parlerai, dans cette cause, du tribunat de Milon
et de tout ce qu'il a fait pour la patrie, qu'après que j'aurai démontré
que Clodius a cherché à lui arracher la vie ; je ne réclamerai point
votre indulgence comme le prix des services qu'il a rendus à l'État ;
et si la mort de Clodius a été votre salut, je n'exigerai pas de votre
reconnaissance que vous en fassiez hommage au courage de Milon
plutôt qu'à la fortune du peuple romain. Mais quand le crime de son
odieux rival sera devenu pour vous plus clair que le jour, alors enfin
je supplierai, je demanderai en grâce que, si nous avons perdu tout
le reste, on nous laisse du moins le droit de défendre nos jours contre
l'audace et les armes des assassins.

III. Avant que de traiter le point essentiel de la question, je crois
devoir réfuter les objections qui ont été souvent hasardées dans le
sénat par nos ennemis, souvent répétées par les factieux dans l'assemblée du peuple, et qui tout à l'heure encore viennent d'être re-

Quanquam, judices,
in hac causa
non abutemur
ad defensionem
hujus criminis
tribunatu T. Annii,
omnibusque rebus gestis
pro salute reipublicæ,
nisi videritis oculis
insidias esse factas
Miloni a Clodio ;
nec sumus deprecaturi,
ut condonetis nobis
hoc crimen
propter multa
præclara merita
in rempublicam ;
nec postulaturi, ut,
si mors P. Clodii
fuerit vestra salus,
idcirco assignetis eam
virtuti Milonis
potius quam felicitati
populi romani.
Sin insidiæ illius
fuerint clariores
hac luce,
tum denique obsecrabo
obtestaborque vos, judices,
si amisimus cetera,
ut hoc saltem
relinquatur nobis,
ut liceat
defendere impune vitam
ab audacia telisque
inimicorum.
III. Sed, antequam venio
ad eam orationem,
quæ est propria
nostræ quæstionis,
ea videntur
esse refutanda,
quæ jactata sunt sæpe
et in senatu ab inimicis,
et in concione sæpe
ab improbis,
et paulo ante

Cependant, juges,
dans cette cause,
nous n'userons pas
pour la défense
contre cette accusation
du tribunat de T. Annius,
et de toutes les choses faites *par lui*
pour le salut de la république,
à moins que vous n'ayez vu de *vos* yeux
des embûches avoir été faites (dressées)
à Milon par Clodius ;
et nous ne sommes pas devant prier,
que vous pardonniez à nous
ce crime
pour beaucoup
d'éclatants services
envers la république ;
ni devant solliciter, que,
si la mort de P. Clodius
a été votre salut,
pour cela vous attribuiez elle
au courage de Milon
plutôt qu'au bonheur
du peuple romain.
Mais si les embûches de celui-là (Clodius)
ont été *pour vous* plus claires
que cette lumière (que le jour),
alors enfin je supplierai
et je conjurerai vous, juges,
si nous avons perdu le reste,
que ceci du moins
soit laissé à nous, *savoir,*
qu'il soit permis
de défendre impunément *sa* vie
contre l'audace et les traits
de *ses* ennemis.
III. Mais, avant que je vienne
à ce discours (débat),
qui est particulier
à notre question (procès),
ces choses *me* paraissent
être à-réfuter,
qui ont été avancées souvent
et dans le sénat par *nos* ennemis,
et dans l'assemblée souvent
par les pervers,
et peu avant *ce moment*

errore sublato, rem plane, quæ venit in judicium, videre possitis.

Negant intueri lucem esse fas ei, qui a se hominem occisum esse fateatur. In qua tandem urbe hoc homines stultissimi disputant? nempe in ea, quæ primum judicium de capite vidit M. Horatii[1], fortissimi viri, qui, nondum libera civitate, tamen populi romani comitiis liberatus est, quum sua manu sororem interfectam esse fateretur. An est quisquam qui hoc ignoret, quum de homine occiso quæratur, aut negari solere omnino esse factum, aut recte ac jure factum esse defendi? Nisi vero existimatis dementem P. Africanum fuisse, qui, quum a C. Carbone, tribuno plebis, in concione seditiose interrogaretur, quid de Tib. Gracchi morte sentiret, respondit, jure cæsum videri. Neque enim posset aut Ahala ille Servi-

produites par nos accusateurs : les préventions une fois dissipées, vous verrez clairement l'objet sur lequel vous avez à prononcer.

Ils prétendent que tout homme qui se reconnaît homicide ne peut plus jouir de la vie. Eh! dans quelle ville osent-ils soutenir une telle absurdité? C'est à Rome, où le premier jugement capital a été celui d'Horace, de ce brave guerrier, qui, du temps même des rois, avant l'époque de notre liberté, fut absous par le peuple, quoiqu'il confessât avoir tué sa propre sœur. Qui ne sait que, lorsqu'on informe d'un meurtre, l'accusé nie le fait, ou se défend par le droit? Dira-t-on que Scipion l'Africain avait perdu le jugement, lorsque Carbon lui demandant en pleine assemblée ce qu'il pensait de la mort de Tib. Gracchus, il répondit à ce tribun séditieux que ce meurtre lui semblait légitime? Et comment justifier Servilius Ahala, P. Nasica, Opi-

ab accusatoribus ;
par les accusateurs ;
ut, omni errore sublato ,
afin que, toute erreur enlevée,
possitis videre plane rem,
vous puissiez voir nettement le fait,
quæ venit in judicium.
qui est venu en jugement.
  Negant
  On nie
esse fas intueri lucem
être permis de voir la lumière
ei, qui fateatur
à celui qui avoue
hominem esse occisum a se.
un homme avoir été tué par lui.
In qua urbe tandem
Dans quelle ville enfin
homines stultissimi
les hommes les plus stupides
disputant hoc ?
soutiennent-ils cela ?
nempe in ea,
Assurément dans cette *ville*,
quæ vidit
qui a vu
primum judicium
le premier jugement
de capite
touchant la tête (capital)
M. Horatii ,
celui de M. Horatius,
viri fortissimi ,
homme très-courageux,
qui, civitate nondum libera,
qui, la cité n'*étant* pas encore libre,
tamen liberatus est
cependant fut absous
comitiis populi romani,
par les comices du peuple romain,
quum fateretur sororem
alors qu'il avouait *sa* sœur
esse interfectam sua manu.
avoir été tuée de sa main.
An est quisquam
Est-ce qu'il est personne
qui ignoret hoc,
qui ignore ceci,
quum quæratur
lorsqu'il est-fait-des-recherches
de homine occiso ,
touchant un homme tué ,
solere
être habituel
aut negari omnino
ou d'être nié absolument
esse factum ,
le meurtre avoir été fait (commis),
aut defendi
ou être-présenté-comme-défense
esse factum
le meurtre avoir été commis
recte ac jure ?
justement et avec droit?
Nisi vero existimatis
A moins donc que vous ne pensiez
P. Africanum
P. *Scipion* l'Africain
fuisse dementem, qui,
avoir été insensé, *lui* qui,
quum interrogaretur
comme il était interrogé
seditiose
séditieusement
in concione
dans l'assemblée
a C. Carbone,
par C. Carbon,
tribuno plebis,
tribun du peuple,
quid sentiret
sur ce qu'il pensait
de morte Tib. Gracchi,
touchant la mort de Tib. Gracchus,
respondit, videri
répondit, paraître *à lui*
cæsum jure.
Gracchus avoir été tué avec droit.
Neque enim
Et en effet ni
aut ille Ahala Servilius,
ou cet Ahala Servilius,
aut P. Nasica,
ou P. Nasica,

lius, aut P. Nasica, aut L. Opimius[1], aut C. Marius, aut, me consule[2], senatus non nefarius haberi, si sceleratos cives interfici nefas esset. Itaque hoc, judices, non sine causa etiam fictis fabulis doctissimi homines memoriæ prodiderunt, eum, qui patris ulciscendi causa matrem necavisset, variatis hominum sententiis, non solum divina, sed etiam sapientissimæ deæ sententia liberatum[3]. Quod si duodecim Tabulæ nocturnum furem, quoquo modo, diurnum autem, si se telo defenderit, interfici impune voluerunt; quis est, qui, quoquo modo quis interfectus sit, puniendum putet, quum videat aliquando gladium nobis ad occidendum hominem ab ipsis porrigi legibus?

IV. Atqui, si tempus est ullum jure hominis necandi, quæ multa sunt, certe illud est non modo justum, verum etiam necessarium, quum vi vis illata defenditur. Pudicitiam quum eriperet militi tribunus[4] in exercitu C. Marii, propinquus ejus

mius, Marius? comment absoudre le sénat entier, sous mon consulat, si l'on ne pouvait, sans offenser le ciel, ôter la vie à des scélérats? Ce n'est donc pas sans raison que dans leurs ingénieuses fictions les sages de l'antiquité nous ont transmis que, les opinions de l'Aréopage ayant été partagées, un fils qui, pour venger son père, avait tué sa mère, fut absous par un suffrage divin, par celui de la plus sage des déesses. Si les lois des douze Tables ont voulu qu'un voleur puisse être tué impunément pendant la nuit, en quelque état qu'il se trouve, pendant le jour, lorsqu'il se défend avec une arme offensive, comment peut-on penser que l'homicide, de quelque manière qu'il ait été commis, ne puisse être pardonné, surtout quand on voit que les lois, en certaines occasions, nous présentent elles-mêmes le glaive pour en frapper un homme?

IV. Or, si jamais il est des circonstances, et il en est un grand nombre, où le meurtre soit légitime, assurément il est juste, il devient même nécessaire, lorsqu'on repousse la force par la force. Un tribun, parent de Marius, voulut attenter à la vertu d'un jeune soldat:

aut L. Opimius,	ou L. Opimius,
aut C. Marius,	ou C. Marius,
aut senatus, me consule,	ou le sénat, moi *étant* consul,
possit	ne pourrait pas
non haberi nefarius,	ne pas être tenu coupable,
si esset nefas	s'il était illégitime
cives sceleratos interfici.	des citoyens criminels être tués.
Itaque, judices,	Aussi, juges,
non sine causa	*ce n'est* pas sans motif *que*
etiam fabulis fictis	même par des récits inventés
homines doctissimi	les hommes les plus éclairés
prodiderunt memoriæ hoc,	ont transmis à la mémoire ceci,
eum,	celui-là,
qui necavisset matrem	qui avait tué *sa* mère
causa ulciscendi patris,	pour venger *son* père,
sententiis hominum	les avis des hommes
variatis,	étant partagés,
liberatum	*avoir été* absous
non solum divina,	non seulement par *un avis* divin,
sed etiam sententia	mais encore par l'avis
deæ sapientissimæ.	de la déesse la plus sage.
Quod si duodecim tabulæ	Que si les douze tables
voluerunt	ont voulu
furem nocturnum,	le voleur de-nuit,
quoquo modo,	de quelque manière *qu'il se trouve*
interfici impune,	être tué impunément,
diurnum autem,	mais *le voleur* de-jour,
si se defenderit telo;	s'il s'est défendu avec une arme;
quis est, qui,	quel est *l'homme* qui,
quoquo modo quis	de quelque manière que quelqu'un
sit interfectus,	ait été tué,
putet puniendum,	pense punition-devoir-être,
quum videat gladium	lorsqu'il voit un glaive
porrigi aliquando nobis	être tendu quelquefois à nous
a legibus ipsis	par les lois elles-mêmes
ad occidendum hominem?	pour tuer un homme?
IV. Atqui,	IV. Or,
si est ullum tempus	s'il est aucune circonstance
hominis necandi jure	d'un homme pouvant être tué avec droit,
quæ sunt multa,	lesquelles *circonstances* sont nombreuses,
certe illud est	certainement cette *action* est
non modo justum,	non seulement juste,
verum etiam necessarium,	mais encore nécessaire,
quum vis illata	lorsque la force apportée
defenditur vi.	est repoussée par la force.
In exercitu C. Marii,	Dans l'armée de C. Marius,
quum tribunus,	comme un tribun,

imperatoris, interfectus ab éo est, cui vim afferebat. Facere enim probus adolescens periculose, quam perpeti turpiter, maluit : atque hunc ille vir summus, scelere solutum , periculo liberavit. Insidiatori vero et latroni quæ potest inferri injusta nex?

Quid comitatus nostri , quid gladii volunt? quos habere certe non liceret, si uti illis nullo pacto liceret. Est igitur hæc, judices, non scripta, sed nata lex; quam non didicimus, accepimus, legimus, verum ex natura ipsa arripuimus, hausimus, expressimus; ad quam non docti, sed facti, non instituti, sed imbuti sumus : ut, si vita nostra in aliquas insidias, si in vim, si in tela aut latronum aut inimicorum incidisset, omnis honesta ratio esset expediendæ salutis [1]. Silent enim leges

il fut tué. Cet honnête jeune homme aima mieux hasarder ses jours que de souffrir une infamie; et son illustre général le déclara non coupable, et le délivra de tout danger. Quoi donc! tuer un brigand et un assassin serait un crime?

Eh! pourquoi prendre des escortes dans nos voyages? pourquoi porter des armes? Certes, il ne serait pas permis de les avoir, s'il n'était jamais permis de s'en servir. Il est en effet une loi non écrite, mais innée; une loi que nous n'avons ni apprise de nos maîtres, ni reçue de nos pères, ni étudiée dans nos livres : nous la tenons de la nature même; nous l'avons puisée dans son sein; c'est elle qui nous l'a inspirée; ni les leçons, ni les préceptes ne nous ont instruits à la pratiquer; nous l'observons par sentiment; nos âmes en sont pénétrées. Cette loi dit que tout moyen est honnête pour sauver nos jours, lorsqu'ils sont exposés aux attaques et aux poignards d'un brigand et d'un ennemi : car les lois se taisent au milieu des armes; elles

propinquus	proche *parent*
ejus imperatoris,	de ce général,
eriperet pudicitiam militi,	voulait ravir la chasteté à un soldat,
est interfectus ab eo,	il fut tué par celui
cui afferebat vim.	à qui il apportait la violence.
Probus enim adolescens	Car le vertueux jeune homme
maluit facere periculose,	aima-mieux agir avec danger,
quam perpeti turpiter :	que de supporter avec-honte :
atque ille vir summus	et cet homme très-grand (Marius)
liberavit periculo hunc,	délivra du danger ce *soldat*,
solutum scelere.	absous du crime.
Quæ vero nex injusta	Or quelle mort injuste
potest inferri	peut être apportée
insidiatori	à un dresseur-d'embûches
et latroni ?	et à un brigand ?
Quid volunt	Que veulent
nostri comitatus,	nos escortes,
quid gladii ?	que *veulent* nos glaives ?
quos certe	lesquels assurément
non liceret habere,	il ne serait pas permis d'avoir,
si liceret uti illis	s'il n'était permis de se servir d'eux
nullo pacto.	à aucune condition.
Hæc igitur lex est, judices,	Cette loi existe donc, juges,
non scripta, sed nata ;	non pas écrite, mais née (naturelle) ;
quam non didicimus,	que nous n'avons pas apprise,
accepimus,	*que* nous *n'avons pas* reçue,
legimus,	*que* nous *n'avons pas* lue,
verum arripuimus,	mais *que* nous avons saisie ;
hausimus,	*que* nous avons puisée,
expressimus	*que* nous avons tirée
ex natura ipsa ;	de la nature elle-même ;
ad quam	pour laquelle
non sumus docti,	nous n'avons pas été instruits,
sed facti,	mais faits,
non instituti,	ni formés,
sed imbuti :	mais *dont nous avons été* imbus :
ut, si nostra vita	que, si notre vie
incidisset	venait à tomber
in aliquas insidias,	dans quelques embûches,
si in vim,	si *elle venait à tomber* dans la violence
si in tela	si *elle venait à tomber* dans les traits
aut latronum,	ou de brigands,
aut inimicorum,	ou d'ennemis,
omnis ratio	tout moyen
expediendæ salutis	de dégager *notre* salut
esset honesta.	serait honnête.
Leges enim silent	Car les lois se taisent

inter arma, nec se exspectari jubent, quum ei, qui exspectare velit, ante injusta pœna luenda sit, quam justa repetenda.

Etsi persapienter, et quodam modo tacite, dat ipsa lex potestatem defendendi; quæ non modo hominem occidi, sed
esse cum telo hominis occidendi causa vetat; ut, quum causa,
non telum quæreretur, qui sui defendendi causa telo esset
usus, non hominis occidendi causa habuisse telum judicaretur. Quapropter hoc maneat in causa, judices. Non enim
dubito, quin probaturus sim vobis defensionem meam, si id
memineritis, quod oblivisci non potestis, insidiatorem jure
interfici posse.

V. Sequitur illud, quod a Milonis inimicis sæpissime dicitur, cædem, in qua P. Clodius occisus est, senatum judicasse
contra rempublicam esse factam [1]. Illam vero senatus non sen-

n'ordonnent pas qu'on les attende, lorsque celui qui les attendrait serait victime d'une violence injuste avant qu'elles pussent lui prêter une
juste assistance.

Mais la sagesse de la loi nous donne elle-même d'une manière tacite le droit de repousser une attaque, puisqu'elle ne défend pas seulement de tuer, mais aussi de porter des armes dans l'intention de
tuer : elle veut que le juge examine le motif, et prononce que celui
qui a fait usage de ses armes pour sa défense, ne les avait pas prises
dans le dessein de commettre le meurtre. Que ce principe reste donc
constamment établi, et je ne doute point du succès de ma cause, si
vous ne perdez pas de vue, ce qu'il vous est impossible d'oublier,
que nous avons droit de donner la mort à qui veut nous ôter la vie.

V. Une seconde objection souvent présentée par nos ennemis, c'est
que le sénat a jugé que le combat où Clodius a péri est un attentat
contre la sûreté publique. Cette action cependant, le sénat l'a con-

inter arma,
nec jubent se exspectari,
quum injusta pœna
sit luenda
ei qui velit exspectare,
ante quam justa
repetenda.
     Etsi lex ipsa
persapienter,
et quodam modo tacite,
dat potestatem defendendi;
quæ vetat
non modo hominem occidi,
sed esse cum telo
causa occidendi hominis;
ut, quum causa,
non telum quæreretur,
qui esset usus telo
causa sui defendendi,
non judicaretur
habuisse telum
causa occidendi hominis.
Quapropter, judices,
hoc maneat in causa.
Non enim dubito,
quin sim probaturus vobis
meam defensionem,
si memineritis id,
quod non potestis oblivisci,
insidiatorem
posse interfici jure.
     V. Illud sequitur,
quod dicitur sæpissime
ab inimicis Milonis,
senatum judicasse cædem,
in qua
P. Clodius est occisus,
esse factam
contra rempublicam.
Senatus vero
comprobavit illam
non solum suis sententiis,
sed etiam studiis.
Quoties enim
illa causa
est acta a nobis
in senatu ?

au milieu des armes,
et elles n'ordonnent pas elles être atten-
alors qu'une injuste peine   [dues
est à-payer
pour celui qui voudrait attendre,
avant qu'une juste *peine*
soit à-réclamer.
     Quoique la loi elle-même
tout à fait-sagement,
et de quelque façon tacitement,
donne le pouvoir de se défendre;
elle qui interdit
non-seulement un homme être tué,
mais *quelqu'un* être avec une arme
pour tuer un homme·
afin que, lorsque le motif,
et non pas l'arme, serait recherché,
celui qui se serait servi d'une arme
pour se défendre,
ne fût pas jugé
avoir eu une arme
pour tuer un homme.
Ainsi donc, juges,
que ceci reste dans la cause.
Car je ne doute pas,
que je ne doive faire-approuver à vous
ma défense,
si vous vous souvenez de ceci,
que vous ne pouvez pas oublier,
un dresseur-d'embûches
pouvoir être tué avec droit.
     V. Ceci vient-ensuite,
qui est dit très-souvent
par les ennemis de Milon,
le sénat avoir jugé le meurtre,
dans lequel
P. Clodius a été tué,
avoir été commis
contre la république.
Or le sénat
a approuvé ce *meurtre*
non seulement par ses suffrages,
mais encore par *ses* sympathies.
Combien de fois en effet
cette cause
a-t-elle été discutée par nous
dans le sénat ?

tentiis suis solum, sed etiam studiis comprobavit. Quoties enim est illa causa a nobis acta in senatu! quibus assensionibus universi ordinis! quam nec tacitis, nec occultis! Quando enim, frequentissimo senatu, quatuor, ad summum quinque sunt inventi, qui Milonis causam non probarent? Declarant hujus ambusti tribuni plebis illæ intermortuæ conciones[1], quibus quotidie meam potentiam invidiose criminabatur, quum diceret senatum, non quod sentiret, sed quod ego vellem, decernere. Quæ quidem si potentia est appellanda potius, quam propter magna in rempublicam merita mediocris in bonis causis auctoritas, aut propter officiosos labores meos nonnulla apud bonos gratia, appelletur ita sane, dummodo ea nos utamur pro salute bonorum contra amentiam perditorum.

Hanc vero quæstionem, etsi non est iniqua, nunquam tamen senatus constituendam putavit. Erant enim leges, erant quæstiones, vel de cæde, vel de vi; nec tantum mœrorem ac luctum senatui mors P. Clodii afferebat, ut nova quæstio

stamment approuvée, non-seulement par ses suffrages, mais par les témoignages éclatants de sa bienveillance pour Milon. Combien de fois cette cause a-t-elle été discutée dans le sénat, avec une faveur hautement manifestée par l'ordre tout entier! En effet, dans les assemblées les plus nombreuses, s'est-il jamais rencontré quatre sénateurs, ou cinq tout au plus, qui aient été contraires à Milon? Je ne veux d'autres preuves que les harangues avortées de ce tribun incendiaire, qui chaque jour accusait ma puissance, prétendant que le sénat décidait ce que je voulais, et non ce qui lui semblait juste. S'il faut nommer puissance ce qui n'est qu'une faible considération obtenue par de grands services rendus à la patrie, ou une sorte de crédit que mes soins officieux m'ont acquis auprès des gens de bien, qu'on lui donne ce nom, si l'on veut, pourvu que je l'emploie à défendre les bons citoyens contre la fureur des factieux.

Quant à la commission présente, je ne dis pas qu'elle soit contraire à la justice; mais le sénat enfin n'a jamais pensé qu'elle dût être établie : nous avions des lois, nous avions des tribunaux chargés de poursuivre le meurtre et la violence; et la mort de Clodius ne lui

quibus assensionibus	avec quelles marques d'assentiment
ordinis universi ?	de l'ordre tout entier ?
quam	*et* combien *éloignées d'être* (ces marques`
nec tacitis, nec occultis ?	ni tues, ni cachées ?
Quando enim,	Quand en effet,
senatu frequentissimo,	le sénat *étant* le plus nombreux
quatuor,	quatre,
ad summum quinque	au plus cinq
sunt inventi,	ont-ils été trouvés,
qui non probarent	qui n'approuvassent pas
causam Milonis ?	la cause de Milon ?
Declarant	Elles *le* prouvent
illæ conciones intermortuæ	ces harangues mortes-en-naissant
hujus tribuni plebis	de ce tribun du peuple
ambusti,	tout-brûlé,
quibus quotidie	par lesquelles chaque jour
criminabatur invidiose	il accusait avec-jalousie
meam potentiam,	mon pouvoir,
quum diceret	quand il disait
senatum decernere,	le sénat décréter,
non quod sentiret,	non pas ce qu'il pensait,
sed quod ego vellem.	mais ce que je voulais.
Quæ quidem,	Laquelle assurément,
si est appellanda potentia	si elle doit être appelée puissance
potius, quam	plutôt que
mediocris auctoritas	faible influence
in bonis causis	dans les bonnes causes
propter magna merita	pour de grands services
in rempublicam,	envers la république,
aut nonnulla gratia	ou quelque crédit
apud bonos	auprès des bons *citoyens*
propter	à cause
meos labores officiosos,	de mes travaux obligeants,
appelletur ita sane,	qu'elle soit appelée ainsi assurément,
dummodo nos utamur ea	pourvu que nous usions d'elle
pro salute bonorum	pour le salut des bons
contra amentiam	contre la démence
perditorum.	des pervers.
Hanc vero quæstionem,	Quant à cette commission,
etsi non est iniqua,	bien qu'elle ne soit pas inique,
nunquam tamen senatus	jamais cependant le sénat
putavit constituendam.	n'a pensé *elle* devoir être établie.
Leges enim erant,	En effet des lois existaient,
quæstiones erant,	des tribunaux existaient,
vel de cæde, vel de vi;	soit pour le meurtre, soit pour la violence
nec mors P. Clodii	et la mort de P. Clodius
afferebat senatui	n'apportait pas au sénat

constitueretur. Cujus enim de illo incesto stupro [1] judicium decernendi senatui potestas esset erepta, de ejus interitu quis
potest credere senatum judicium novum constituendum putasse? Cur igitur incendium curiæ, oppugnationem ædium
M. Lepidi [2], cædem hanc ipsam, contra rempublicam senatus
factam esse decrevit? Quia nulla vis unquam est in libera civitate suscepta inter cives, non contra rempublicam. Non
enim est illa defensio contra vim unquam optanda; sed nonnunquam est necessaria : nisi vero aut ille dies, in quo Tib.
Gracchus est cæsus, aut ille, quo Caius, aut quo arma Saturnini oppressa sunt, etiamsi e rempublica, rempublicam tamen non vulnerarunt.

VI. Itaque ego ipse decrevi, quum cædem in Appia factam
esse constaret, non eum, qui se defendisset, contra rempu-

causait pas une douleur assez vive pour qu'il changeât rien aux anciens usages. Est-il croyable que le sénat, à qui l'on avait ravi le
pouvoir d'ordonner une commission au sujet de l'adultère sacrilége
de Clodius, ait voulu établir un tribunal extraordinaire pour venger
sa mort? Pourquoi donc a-t-il jugé que l'incendie de notre palais,
que l'attaque de la maison de Lépidus, que le combat même où Clodius a péri, sont des actes où l'ordre public a été compromis? C'est
parce que, dans un État libre, tout acte de violence entre des citoyens
porte atteinte à l'ordre public. L'emploi de la force contre la force
est toujours un inconvénient, même lorsqu'il est une nécessité; car
on ne dira pas sans doute que les mains qui frappèrent, ou Tibérius
Gracchus, ou Caius son frère, ou Saturninus armé contre l'État, n'ont
pas blessé la république, même en la sauvant.

VI. Aussi j'ai moi-même posé en principe qu'un meurtre ayant
été commis sur la voie Appia, l'agresseur avait porté atteinte à l'or-

tantum mœrorem
tant de chagrin

ac luctum,
et de deuil,

ut quæstio nova
qu'une commission nouvelle

constitueretur.
fût établie.

Quis enim potest credere
Qui en effet peut croire

senatum putasse
le sénat avoir pensé

judicium novum
un tribunal nouveau

constituendum
devoir être établi

de interitu ejus,
touchant la mort de celui-ci,

de illo stupro incesto cujus
touchant cet adultère impur duquel

potestas decernendi
le pouvoir de décider

esset erepta senatui?
avait été arraché au sénat?

Cur igitur senatus decrevit
Pourquoi donc le sénat a-t-il décrété

incendium curiæ,
l'incendie de la curie,

oppugnationem ædium
le siége de la maison

M. Lepidi,
de M. Lépidus,

hanc cædem ipsam
ce massacre même

esse factam
avoir été fait

contra rempublicam?
contre la république?

Quia nulla vis unquam
Parce qu'aucune violence jamais

est suscepta
n'a été entreprise

in civitate libera
dans un Etat libre

inter cives,
entre les citoyens,

non contra rempublicam.
non (autrement que) contre la république.

Illa enim defensio
Car cette défense

contra vim
contre la violence

non est unquam optanda;
n'est jamais à-souhaiter;

sed nonnunquam
mais quelquefois

est necessaria:
elle est nécessaire:

nisi vero aut ille dies,
à moins que pourtant ou ce jour,

in quo Tib. Gracchus
dans lequel Tib. Gracchus

est cæsus,
fut massacré,

aut ille,
ou cet *autre jour*,

quo Caius,
dans lequel Caius *fut tué*,

aut quo arma Saturnini
ou *celui* dans lequel les armes de Saturninus

sunt oppressa,
furent accablées,

etiamsi e republica,
bien que dans l'intérêt de la république,

tamen non vulnerarunt
cependant n'aient pas blessé

rempublicam.
la république.

VI. Itaque
VI. Aussi

ego ipse decrevi,
moi-même j'ai décidé,

quum constaret
comme il était constant

cædem esse factam
un meurtre avoir été fait (commis)

in Appia,
sur la *voie* Appienne,

non eum,
non pas celui-là,

qui se defendisset,
qui s'était défendu,

fecisse
avoir agi

blicam fecisse; sed, quum inesset in re vis et insidiæ, crimen judicio reservavi, rem notavi. Quod si per furiosum illum tribunum senatui, quod sentiebat, perficere licuisset, novam quæstionem nunc nullam haberemus : decernebat enim, ut veteribus legibus, tantummodo extra ordinem[1], quæreretur. Divisa sententia est[2], postulante nescio quo[3]; nihil enim necesse est omnium me flagitia proferre. Sic reliqua auctoritas senatus, empta intercessione, sublata est.

At enim Cn. Pompeius rogatione sua et de re et de causa judicavit : tulit enim de cæde, quæ in Appia facta esset, in qua P. Clodius occisus fuit. Quid ergo tulit? nempe ut quæreretur. Quid porro quærendum est? Factumne sit? At constat. A quo? At patet. Vidit igitur, etiam in confessione facti, juris tamen defensionem suscipi posse. Quod nisi vidisset, posse absolvi eum, qui fateretur; quum videret nos fateri,

dre public; mais comme cette affaire présentait le double caractère de la violence et de la préméditation, j'ai blâmé le fait en lui-même, et renvoyé l'instruction aux tribunaux. Si ce tribun furieux avait permis au sénat d'exprimer sa volonté tout entière, nous n'aurions pas aujourd'hui une commission nouvelle. Le sénat voulait que cette cause fût jugée hors de rang, mais suivant les anciennes lois. La division fut demandée par un homme que je ne veux pas nommer : il n'est point nécessaire de dévoiler les turpitudes de tous. Alors, grâce à une opposition vénale, la seconde partie de la proposition ne fut pas décrétée.

Mais, ajoute-t-on, Pompée a prononcé par sa loi sur l'espèce même de la cause; car cette loi a pour objet le meurtre commis sur la voie Appia, où Clodius a péri. Eh bien! qu'a donc ordonné Pompée? Qu'on informera. Sur quoi? Sur le fait? Il n'est pas contesté. Sur l'auteur? Tout le monde le connaît. Pompée a donc vu que, nonobstant l'aveu du fait, on peut se justifier par le droit. S'il n'avait pas senti qu'un accusé peut être absous, même après cet aveu,

contra rempublicam ; — contre la république ;

sed, quum inesset in re — mais, comme il y-avait dans l'affaire

vis et insidiæ, — de la violence et des embûches,

reservavi crimen judicio, — j'ai réservé le crime pour un jugement,

notavi rem. — j'ai blâmé le fait.

Quod si licuisset senatui — Que s'il avait été permis au sénat

per illum tribunum furiosum — par ce tribun furieux

perficere quod sentiebat, — d'accomplir ce qu'il pensait

haberemus nunc — nous n'aurions maintenant

nullam quæstionem novam : — aucune commission nouvelle :

decernebat enim, — il décrétait en effet,

ut quæreretur — qu'il serait jugé

veteribus legibus, — d'après les anciennes lois,

tantummodo — seulement

extra ordinem. — en dehors de l'ordre.

Sententia est divisa, — La proposition a été divisée,

nescio quo postulante ; — je ne sais qui *le* demandant ;

est enim nihil necesse — car il n'est en rien nécessaire

me proferre — moi mettre-au-jour

flagitia omnium. — les turpitudes de tous.

Sic reliqua auctoritas — Ainsi le reste de l'autorité

senatus, — du sénat,

intercessione emta, — l'opposition ayant été achetée,

est sublata. — a été enlevé.

At enim Cn. Pompeius — Mais Cn. Pompée

sua rogatione — par sa loi

judicavit et de re — a jugé et touchant le fait

et de causa : — et touchant le motif :

tulit enim de cæde, — car il *l'*a proposée touchant le meurtre,

quæ esset facta in Appia, — qui avait été commis sur la *voie* Appienne,

in qua P. Clodius — dans lequel P. Clodius

fuit occisus. — a été tué.

Quid ergo tulit ? — Qu'a-t-il donc proposé ?

nempe ut quæreretur. — assurément qu'il fût informé.

Quid porro — Or quoi

est quærendum ? — est à-informer ?

Sitne factum ? — Si *la chose* a été faite ?

At constat. — Mais *cela* est-constant.

A quo ? At patet. — Par qui ? Mais *cela* est-clair.

Vidit igitur, — Il a donc vu,

etiam in confessione facti, — même dans l'aveu du fait,

tamen defensionem juris — cependant la défense du droit

posse suscipi. — pouvoir être entreprise.

Quod nisi vidisset, — Que s'il n'avait pas vu,

eum, qui fateretur, — celui-là, qui avouait,

posse absolvi ; — pouvoir être absous ;

quum videret nos fateri, — alors qu'il voyait nous avouer,

neque quæri unquam jussisset, nec vobis tam salutarem hanc in judicando litteram, quam illam tristem, dedisset[1]. Mihi vero Cn. Pompeius non modo nihil gravius contra Milonem judicasse, sed etiam statuisse videtur, quid vos in judicando spectare oporteret. Nam qui non pœnam confessioni, sed defensionem dedit, is causam interitus quærendam, non interitum putavit. Jam illud dicet ipse profecto, quod sua sponte fecit, Publione Clodio tribuendum putarit, an tempori.

VII. Domi suæ nobilissimus vir, senatus propugnator, atque, illis quidem temporibus, pæne patronus, avunculus hujus nostri judicis, fortissimi viri, M. Catonis[2], tribunus plebis M. Drusus[3] occisus est. Nihil de ejus morte populus consultus, nulla quæstio decreta a senatu est. Quantum luctum in hac urbe fuisse a nostris patribus accepimus, quum P. Africano[4], domi suæ quiescenti, illa nocturna vis esset illata? Quis

dès lors que nous convenions du fait, il n'aurait pas ordonné d'autres informations; il ne vous aurait pas remis le double pouvoir d'absoudre ou de condamner. Loin donc qu'il ait rien préjugé contre Milon, Pompée me semble vous avoir tracé la marche que vous devez suivre dans ce jugement; car celui qui, sur l'aveu de l'accusé, ordonne, non pas qu'il soit puni, mais qu'il se justifie, pense qu'on doit informer sur la cause, et non sur l'existence du meurtre. Sans doute il nous dira lui-même si, ce qu'il a fait de son propre mouvement, il a cru le devoir faire par égard pour Clodius, ou pour les circonstances.

VII. Un citoyen de la naissance la plus illustre, le défenseur du sénat, je dirais presque son protecteur alors, l'oncle du vertueux Caton qui siége parmi nos juges, un tribun du peuple, Drusus, fut tué dans sa maison: or, pour venger sa mort, nulle loi ne fut proposée au peuple; nulle procédure extraordinaire ne fut ordonnée par le sénat. Nos pères nous ont appris quelle fut la consternation publique, lorsque Scipion l'Africain périt assassiné dans son lit. Qui

neque jussisset unquam quæri,	et il n'aurait jamais ordonné une *commission* d'enquête être établie,
nec dedisset vobis	et il n'aurait pas donné à vous
in judicando	dans l'*action-de*-juger
hanc litteram salutarem	cette lettre salutaire
tam, quam illam tristem.	aussi bien que cette *lettre* funeste.
Cn. vero Pompeius	Mais Cn. Pompée
videtur mihi non modo	paraît à moi non seulement
judicasse nihil gravius	n'avoir jugé rien de bien-sévère
contra Milonem,	contre Milon,
sed etiam statuisse,	mais encore avoir établi (réglé),
quid oporteret	ce qu'il faudrait
vos spectare	vous avoir-en-vue
in judicando.	en jugeant.
Nam qui dedit confessioni	Car celui qui a donné à l'aveu
non pœnam,	non pas une peine,
sed defensionem,	mais le droit-de-défense,
is putavit	celui-là a pensé
causam interitus	la cause de la mort
quærendam,	*être* à-rechercher,
non interitum.	non pas la mort *elle-même*.
Jam ipse profecto dicet	Bientôt lui-même assurément dira
putaritne illud,	s'il a pensé cela,
quod fecit sua sponte,	qu'il a fait de son propre-mouvement
tribuendum	devoir être accordé
Publio Clodio,	à Publius Clodius,
an tempori.	ou à la circonstance.
VII. Vir nobilissimus,	VII. Un homme très-illustre,
propugnator, atque,	le défenseur, et,
illis quidem temporibus,	du moins dans ces temps-là,
pæne patronus senatus,	presque le protecteur du sénat,
avunculus	oncle
hujus judicis nostri,	de ce juge nôtre,
viri fortissimi, M. Catonis,	homme très-courageux, M. Caton,
M. Drusus, tribunus plebis,	M. Drusus, tribun du peuple,
est occisus suæ domi.	fut tué dans sa maison.
Populus consultus nihil	Le peuple *ne fut* consulté en-rien
de morte ejus,	touchant la mort de lui,
nulla quæstio	aucune *commission* d'enquête
est decreta a senatu.	ne fut décrétée par le sénat.
Quantum luctum	Quel grand deuil
accepimus	avons-nous appris
a nostris patribus	de nos pères
fuisse in hac urbe,	avoir été dans cette ville,
quum illa vis nocturna	lorsque cette violence nocturne
esset illata P. Africano,	eut été apportée à P. l'Africain,
quiescenti suæ domi?	qui reposait dans sa maison?

tum non gemuit? quis non arsit dolore? quem immortalem,
si fieri posset, omnes esse cuperent, ejus ne necessariam
quidem exspectatam esse mortem! Num igitur ulla quæstio
de Africani morte lata est? Certe nulla. Quid ita? Quia non
alio facinore clari homines, alio obscuri necantur. Intersit
inter vitæ dignitatem summorum atque infimorum ; mors quidem illata per scelus iisdem et pœnis tenetur et legibus :
nisi forte magis erit parricida, si quis consularem patrem,
quam si quis humilem necaverit; aut eo mors atrocior erit
P. Clodii, quod is in monumentis majorum suorum sit interfectus. Hoc enim sæpe ab istis dicitur, perinde quasi Appius
ille Cæcus viam munierit, non qua populus uteretur, sed ubi
impune sui posteri latrocinarentur. Itaque in eadem ista Appia via[1], quum ornatissimum equitem romanum P. Clodius
M. Papirium[2] occidisset, non fuit illud facinus puniendum :

ne versa des larmes? qui ne fut pénétré de douleur, en voyant qu'on
s'était lassé d'attendre la mort d'un homme qui n'aurait jamais
cessé de vivre, si les vœux de tous les Romains avaient pu le rendre
immortel? Établit-on un nouveau tribunal pour venger Scipion
l'Africain? Non, certes : et pourquoi? parce que tuer un citoyen
illustre, ou tuer un homme du peuple, ne sont pas des crimes d'une
nature différente. Quel que soit l'intervalle qui, durant la vie,
sépare les grands des simples plébéiens, leur mort, si elle est l'effet
d'un crime, sera vengée par les mêmes lois et par les mêmes peines ;
à moins que le parricide ne soit plus atroce dans le fils d'un consulaire que dans le fils d'un obscur plébéien, ou que la mort de Clodius
ne soit un délit plus révoltant, parce qu'il a perdu la vie sur un des
monuments de ses ancêtres. Voilà, en effet, ce qu'on ne cesse de
répéter, comme si le célèbre Appius avait construit un chemin, non
pour l'usage du public, mais afin que ses descendants y pussent
exercer impunément leurs brigandages. Ainsi, lorsque, sur cette
même voie Appia, Clodius tua Papirius, chevalier romain, ce forfait

Quis tum non gemuit?	Qui ne gémit point alors?
quis non arsit dolore?	qui ne fut transporté de douleur?
mortem necessariam ejus,	la mort nécessaire(naturelle)de cet *homme*,
quem omnes cuperent	que tous auraient désiré
esse immortalem,	être immortel,
si posset fieri, [tam!	si *cela* avait pu se faire,
ne esse quidem exspecta-	n'avoir pas même été attendue!
Num igitur	Est-ce que donc
ulla quæstio est lata	aucune commission fut décrétée
de morte Africani?	touchant la mort de l'Africain?
certe nulla.	assurément aucune.
Quid ita?	Pourquoi *fit-on* ainsi?
quia homines clari	parce que les hommes illustres
non necantur facinore alio,	ne sont pas tués par un crime différent,
obscuri alio.	les *hommes* obscurs par un *crime* différent.
Intersit	Qu'il y ait-de-la-distance
inter dignitatem vitæ	entre l'éclat de la vie
summorum	des plus élevés
atque infimorum;	et des plus humbles:
mors quidem	toutefois la mort
illata per scelus	apportée au moyen du crime
tenetur	est tenne (punie)
iisdem et pœnis et legibus:	par les mêmes peines et les mêmes lois:
nisi forte,	à moins que par hasard,
si quis necaverit	si quelqu'un a mis-à-mort
patrem consularem,	*son* père consulaire,
erit magis parricida,	il ne soit plus parricide,
quam si quis	que si quelqu'un *a mis à mort*
humilem;	*son père citoyen* obscur;
aut mors P. Clodii	ou que la mort de P. Clodius
erit eo atrocior,	ne soit d'autant plus atroce,
quod is sit interfectus	parce qu'il a été tué
in monumentis	sur les monuments
suorum majorum.	de ses ancêtres.
Hoc enim sæpe	Car cela souvent
dicitur ab istis,	est dit par ces *hommes*,
perinde quasi	de même que si
ille Appius Cæcus	cet Appius Cæcus
munierit viam,	avait construit une voie,
non qua populus uteretur,	non pas de laquelle le peuple se servirait
sed ubi sui posteri	mais où ses descendants
latrocinarentur	exerceraient-*leurs*-brigandages
impune.	impunément.
Itaque quum	Aussi lorsque,
in ista eadem via Appia	sur cette même voie Appienne,
P. Clodius occidisset	P. Clodius avait tué
M. Papirium,	M. Papirius,

homo enim nobilis in suis monumentis[1] equitem romanum occiderat. Nunc ejusdem Appiæ nomen quantas tragœdias excitat! quæ, eruentata antea cæde honesti atque innocentis viri, silebatur, eadem nunc crebro usurpatur, posteaquam latronis et parricidæ[2] sanguine imbuta est.

Sed quid ego illa commemoro? Comprehensus est in templo Castoris[3] servus P. Clodii, quem ille ad Cn. Pompeium interficiendum collocarat. Extorta est confitenti sica de manibus. Caruit foro postea Pompeius, caruit senatu, caruit publico : janua se ac parietibus, non jure legum judiciorumque texit. Num quæ rogatio lata? num quæ nova quæstio decreta est? Atqui, si res, si vir, si tempus ullum dignum fuit, certe hæc

dut rester impuni : car enfin c'était sur les monuments de sa famille qu'un noble avait tué un chevalier romain. Quelles clameurs aujourd'hui au sujet de cette voie Appia! Nul ne prononçait ce nom, lorsqu'elle était ensanglantée par le meurtre d'un citoyen innocent et vertueux; à présent qu'elle est souillée du sang d'un brigand et d'un parricide, on ne cesse de le faire retentir à nos oreilles.

Mais pourquoi m'arrêter à ces faits? Un esclave de Clodius a été saisi dans le temple de Castor, où son maître l'avait aposté pour tuer Pompée. Le poignard lui fut arraché des mains : il avoua tout. De ce moment, Pompée cessa de paraître au sénat, dans le forum, en public; sans réclamer les lois, sans recourir aux tribunaux, il opposa les portes et les murs de sa maison aux fureurs de Clodius. A-t-on fait quelque loi, établi un nouveau tribunal? Toutefois si le crime, si la personne, si les circonstances le méritèrent jamais,

equitem romanum
ornatissimum,
illud facinus
non fuit puniendum :
homo enim nobilis
occiderat
equitem romanum
in suis monumentis.
Nunc
quantas tragœdias
excitat nomen
ejusdem Appiæ !
quæ, cruentata antea
cæde viri honesti
atque innocentis,
silebatur,
eadem nunc
usurpatur crebro,
posteaquam est imbuta
sanguine latronis
et parricidæ.
    Sed quid
ego commemoro illa ?
Servus P. Clodii
est comprehensus
in templo Castoris,
quem ille collocarat
ad interficiendum
Cn. Pompeium.
Sica
est extorta de manibus
confitenti.
Postea Pompeius
caruit foro, caruit senatu,
caruit publico :
texit se
janua ac parietibus,
non jure legum
judiciorumque.
Num quæ rogatio
lata ?
num quæ quæstio nova
est decreta ?
Atqui, si res,
si vir, si ullum tempus
fuit dignum,
certe omnia hæc

chevalier romain
très-honorable,
ce crime
ne fut pas à-punir :
en effet *c'était* un homme noble
qui avait tué
un chevalier romain
sur ses monuments.
Maintenant
combien de tragédies (lamentations)
excite le nom
de cette même *voie* Appienne !
elle qui, ensanglantée auparavant
par le meurtre d'un homme vertueux
et irréprochable,
était tue,
cette même *voie* à présent
est nommée fréquemment,
depuis qu'elle a été trempée
du sang d'un brigand
et d'un parricide.
    Mais pourquoi
rappelé-je ces *faits* ?
Un esclave de P. Clodius
a été saisi
dans le temple de Castor,
esclave que celui-là avait aposté
pour tuer
Cn. Pompée.
Le poignard
fut arraché des mains
à *lui* avouant.
Après-cela Pompée
s'abstint du forum, s'abstint du sénat.
s'abstint de *tout lieu* public :
il se protégea
par une porte et des murs,
non pas par le droit des lois
et des jugements.
Est-ce que quelque proposition
fut présentée ?
est-ce que quelque procédure nouvelle
fut décrétée ?
Pourtant, si *quelque* fait,
si *quelque* homme, si quelque circonstance
a été digne *de ces mesures*,
certes toutes ces *considérations*

in illa causa summa omnia fuerunt. Insidiator erat in foro col-
locatus, atque in vestibulo ipso senatus [1]; ei viro autem mors
parabatur, cujus in vita nitebatur salus civitatis; eo porro
reipublicæ tempore, quo si unus ille occidisset, non hæc solum civitas, sed gentes omnes concidissent. Nisi forte, quia
perfecta res non est, non fuit punienda; perinde quasi exitus
rerum, non hominum consilia, legibus vindicentur. Minus
dolendum fuit, re non perfecta, sed puniendum certe nihilo
minus. Quoties ego ipse, judices, ex P. Clodii telis, et ex
cruentis ejus manibus effugi [2]! ex quibus si me non vel mea
vel reipublicæ fortuna servasset, quis tandem de interitu meo
quæstionem tulisset?

VIII. Sed stulti sumus, qui Drusum, qui Africanum, Pompeium, nosmetipsos, cum P. Clodio conferre audeamus.
Tolerabilia fuerunt illa : P. Clodii mortem æquo animo nemo

tout se réunissait ici pour l'exiger. L'assassin avait été posté dans
le forum, dans le vestibule même du sénat; on méditait la mort d'un
citoyen à la vie duquel était attaché le salut de la patrie, et cela
dans un temps où la mort de ce seul citoyen aurait entraîné la
chute de Rome et la ruine de tout l'univers. On dira peut-être qu'un
projet demeuré sans exécution n'a pas dû être puni; comme si les
lois ne punissaient le crime que lorsqu'il a été consommé. Le projet
n'ayant pas eu d'exécution, nous avons eu moins de larmes à ré-
pandre; mais l'auteur n'en était pas moins punissable. Moi-même,
combien de fois ai-je échappé aux traits de Clodius et à ses mains
ensanglantées! Si mon bonheur, ou la fortune du peuple romain, ne
m'avait pas sauvé, aurait-on jamais proposé une commission pour
venger ma mort?

VIII. Mais quelle absurdité à moi d'oser comparer les Drusus,
les Scipion, les Pompée, de me comparer moi-même à Clodius. Ces
attentats étaient tolérables : Clodius est le seul dont la mort ne

fuerunt summa	ont été (étaient) très-grandes
in illa causa.	dans cette cause.
Insidiator	Un homme-aposté
erat collocatus in foro,	avait été placé dans le forum,
atque in vestibulo ipso	et dans le vestibule même
senatus ;	du sénat ;
mors autem parabatur	de plus la mort était préparée
ei viro, in vita cujus	à cet homme, sur la vie duquel
nitebatur salus civitatis;	s'appuyait le salut de l'Etat ;
porro tempore eo	en outre dans une circonstance telle
reipublicæ,	de la république,
quo si ille unus	dans laquelle si celui-là seul
occidisset,	était tombé,
non solum hæc civitas,	non seulement cet État,
sed omnes gentes	mais toutes les nations
concidissent.	fussent tombées-avec *lui*.
Nisi forte,	A moins que par hasard,
quia res	parce que la chose
non est perfecta,	n'a pas été accomplie,
non fuit punienda ;	elle n'ait pas été à-punir ;
perinde quasi exitus rerum,	comme si les issues des choses,
non consilia hominum,	*et* non pas les desseins des hommes,
vindicentur legibus.	étaient châtiées par les lois.
Fuit minus dolendum,	Il a été moins à-gémir,
re non perfecta,	la chose n'ayant pas été accomplie,
sed certe	mais assurément
nihilo minus puniendum.	non moins à-punir.
Quoties ego ipse, judices,	Combien de fois moi-même, juges
effugi	me suis-je échappé
ex telis P. Clodii	des traits de P. Clodius
et ex manibus cruentis ejus!	et des mains ensanglantées de lui !
ex quibus si vel mea	desquelles si ou ma *fortune*
vel fortuna reipublicæ	ou la fortune de la république
non me servasset,	ne m'avait pas sauvé,
quis tandem	qui enfin
tulisset quæstionem	eût proposé une *commission d'*enquête
de meo interitu ?	au sujet de ma mort ?
VIII. Sed sumus stulti,	VIII. Mais nous sommes insensés
qui audeamus	*nous* qui osons
conferre Drusum,	comparer Drusus,
qui Africanum,	qui *osons comparer* l'Africain,
Pompeium, nosmet ipsos,	Pompée, nous-mêmes,
cum P. Clodio.	avec P. Clodius.
Illa fuerunt tolerabilia :	Ces *attentats* ont été tolérables :
nemo potest ferre	personne ne peut supporter
animo æquo	d'une âme égale (tranquille)
mortem P. Clodii.	la mort de P. Clodius.

ferre potest. Luget senatus; mœret equester ordo; tota civitas confecta senio est; squalent municipia; afflictantur coloniæ; agri denique ipsi tam beneficum, tam salutarem, tam mansuetum civem desiderant.

Non fuit ea causa, judices, profecto non fuit, cur sibi censeret Pompeius quæstionem ferendam : sed homo sapiens, et alta et divina quadam mente præditus, multa vidit; fuisse sibi illum inimicum, familiarem Milonem. In communi omnium lætitia, si etiam ipse gauderet, timuit ne videretur infirmior fides reconciliatæ gratiæ[1]. Multa etiam alia vidit, sed illud maxime : quamvis atrociter ipse tulisset, vos tamen fortiter judicaturos. Itaque delegit e florentissimis ordinibus[2] ipsa lumina. Neque vero, quod nonnulli dictitant, secrevit in judicibus legendis amicos meos : neque enim hoc cogitavit

puisse être supportée. Le sénat gémit; les chevaliers se lamentent; Rome entière est en pleurs; les villes municipales se désolent; les colonies sont au désespoir; en un mot, les campagnes elles-mêmes déplorent la perte d'un citoyen si bienfaisant, si utile, si débonnaire.

Non, juges, tel n'a pas été le motif qui a déterminé Pompée : cet homme sage et doué d'une prudence rare et divine a considéré bien des choses. Il a vu que Clodius a été son ennemi, et Milon son ami intime; il a craint que, s'il partageait la joie commune, on ne suspectât la sincérité de sa réconciliation. Il a vu surtout que, malgré la rigueur de sa loi, vous jugerez avec courage. Aussi a-t-il fait choix des hommes qui honorent le plus les premiers ordres de l'État; et il n'a pas, comme quelques-uns affectent de le dire, exclu mes amis du nombre des juges. Il est trop équitable pour en avoir concu

Senatus luget ;	Le sénat gémit ;
ordo equester mœret ;	l'ordre des-chevaliers est-dans-l'affliction ;
civitas tota	l'Etat tout entier
est confecta senio ;	est accablé de tristesse ;
municipia squalent ;	les municipes sont-en-deuil ;
coloniæ afflictantur ;	les colonies sont abattues ;
denique agri ipsi	enfin les campagnes elles-mêmes
desiderant civem	regrettent un citoyen
tam beneficum,	si bienfaisant,
.am salutarem,	si secourable,
tam mansuetum.	si débonnaire.
Ea non fuit causa,	Ce n'a pas été la cause,
judices, profecto	juges, assurément
non fuit,	*ce* n'a pas été *la cause*,
cur Pompeius censeret	pour que Pompée pensât
quæstionem	une commission
ferendam sibi :	devoir être proposée par lui :
sed homo sapiens,	mais *cet* homme sage,
et præditus	et doué
quadam mente	d'un certain esprit
alta et divina,	élevé et divin,
vidit multa ;	a vu beaucoup de choses ;
illum fuisse sibi	celui-là (Clodius) avoir été pour lui
inimicum,	un ennemi,
Milonem familiarem.	Milon un ami.
Timuit, si etiam ipse	Il a craint, si aussi lui-même
gauderet	se réjouissait
in lætitia communi	au milieu de la joie commune
omnium,	de tous,
ne fides	que la bonne foi (la sincérité)
gratiæ reconciliatæ	de la bonne-intelligence rétablie
videretur infirmior.	ne parût trop faible.
Vidit etiam multa alia,	Il a vu encore beaucoup d'autres choses,
sed illud maxime :	mais celle-ci surtout :
quamvis ipse tulisset	quoique lui-même eût porté *sa loi*
atrociter,	sévèrement,
vos tamen judicaturos	vous devoir pourtant juger
fortiter.	courageusement.
Itaque delegit	Aussi il a choisi
ex ordinibus florentissimis	dans les ordres les plus brillants
lumina ipsa.	les lumières mêmes.
Neque vero secrevit	Mais et il n'a pas exclu
meos amicos	mes amis
in legendis judicibus,	en choisissant les juges,
quod nonnulli dictitant ;	ce que quelques-uns répètent-souvent ;
neque enim vir justissimus	et en effet ni *cet* homme très-juste
cogitavit hoc ;	*n'*a songé à cela,

vir justissimus ; neque in bonis viris legendis id assequi potuisset, etiamsi cupisset. Non enim mea gratia familiaritatibus continetur, quæ late patere non possunt, propterea quod
consuetudines victus non possunt esse cum multis. Sed , si
quid possumus, ex eo possumus, quod respublica nos. conjunxit cum bonis ; ex quibus ille quum optimos viros legeret,
idque maxime ad fidem suam pertinere arbitraretur, non potuit legere non studiosos mei.

Quod vero te, L. Domiti[1], huic quæstioni præesse maxime
voluit, nihil quæsivit aliud, nisi justitiam, gravitatem, humanitatem, fidem. Tulit, ut consularem necesse esset : credo,
quod principum munus esse ducebat, resistere et levitati
multitudinis, et perditorum temeritati. Ex consularibus te
creavit potissimum : dederas enim, quam contemneres populares insanias, jam ab adolescentia documenta maxima[2].

l'idée ; et la chose n'était pas en sa puissance, dès lors qu'il choisissait des hommes vertueux. Car mes amis ne sont point renfermés
dans le cercle de mes sociétés intimes, qui ne peuvent être très-éten-
dues, puisqu'on ne peut vivre en intimité avec un très-grand nombre de personnes. Mais si j'ai quelque crédit, je le dois aux liaisons
que les affaires publiques m'ont fait contracter avec les gens de bien.
Dès que Pompée a choisi parmi eux, dès qu'il a pensé que l'honneur exigeait de lui qu'il préférât les hommes les plus intègres, il
n'a pu nommer des juges qui ne me fussent pas affectionnés.

L. Domitius, le choix qu'il a fait de vous pour présider ce tribunal, est un hommage rendu à vos vertus. Il a voulu que ce choix
ne pût tomber que sur un consulaire, persuadé sans doute que c'est
aux chefs de l'État qu'il appartient de résister aux mouvements
désordonnés de la multitude et à la témérité des méchants. S'il vous
a préféré à tous les autres, c'est que, dès votre jeunesse, vous avez
donné des preuves éclatantes de votre mépris pour les fureurs populaires.

neque potuisset id assequi
in legendis viris bonis,
etiamsi cupisset.
Mea enim gratia
non continetur
familiaritatibus,
quæ non possunt
patere late,
propterea quod
consuetudines victus
non possunt esse
cum multis.
Sed, si possumus quid,
possumus ex eo,
quod respublica
nos conjunxit
cum bonis ;
ex quibus
quum ille legeret
viros optimos,
arbitrareturque id maxime
pertinere ad suam fidem,
non potuit legere
non studiosos mei.

Quod vero voluit
te maxime, L. Domiti,
præesse huic quæstioni,
quæsivit nihil aliud
nisi justitiam,
gravitatem,
humanitatem, fidem.
Tulit,
ut esset necesse
consularem :
credo, quod ducebat
esse munus principum,
resistere
et levitati multitudinis,
et temeritati perditorum.
Creavit
te potissimum
ex consularibus :
dederas enim
jam ab adolescentia
maxima documenta,
quam contemneres
insanias populares.

et il n'aurait pu y arriver
en choisissant des hommes de-bien,
même s'il *l'*avait souhaité.
Mon crédit en effet
n'est pas renfermé
dans des amitiés,
qni ne peuvent pas
s'étendre loin,
parce que
des habitudes de vie
ne peuvent pas être
avec beaucoup *d'hommes.*
Mais, si nous pouvons quelque chose,
nous *le* pouvons par suite de ceci,
que la république
nous a uni
avec les bons *citoyens;*
parmi lesquels
lorsque celui-là (Pompée) choisissait
les hommes les plus vertueux,
et qu'il pensait cela surtout
intéresser sa loyauté,
il n'a pu choisir
des hommes non attachés à moi.

Mais en ce qu'il a voulu
toi principalement, L. Domitius,
présider cette commission,
il *n'*a cherché rien autre,
si *ce* n'*est* la justice,
la gravité,
l'humanité (les lumières), la loyauté.
Il a proposé,
qu'il fût nécessaire
un consulaire *présider* :
je crois (sans doute), parce qu'il estimait
être le devoir des principaux *citoyens,*
de résister
et à la légèreté de la multitude,
et à l'audace des pervers.
Il a créé *président*
toi de préférence
parmi les consulaires :
car tu avais donné
déjà dès *ta* jeunesse
les plus grandes preuves *de ceci,*
combien tu méprisais
les démences populaires

IX. Quamobrem, judices, ut aliquando ad causam crimenque veniamus, si neque omnis confessio facti est inusitata, neque de causa quidquam nostra aliter ac nos vellemus, a senatu judicatum est; et lator ipse legis, quum esset controversia nulla facti, juris tamen disceptationem esse voluit; et electi judices, isque præpositus quæstioni, qui hæc juste sapienterque disceptet : reliquum est, judices, ut nihil jam aliud quærere debeatis, nisi, uter utri insidias fecerit. Quod quo facilius argumentis perspicere possitis, rem gestam vobis dum breviter expono, quæso, diligenter attendite.

P. Clodius quum statuisset omni scelere in prætura vexare rempublicam, videretque ita tracta esse comitia ' anno superiore, ut non multos menses prætturam gerere posset; qui non honoris gradum spectaret, ut ceteri, sed et L. Paulum

IX. Ainsi, pour arriver enfin à l'objet de cette cause, si l'aveu du fait n'est pas une chose inusitée; si rien n'a été préjugé contre nous par le sénat; si l'auteur même de la loi, sachant que le fait n'est pas contesté, a voulu que le droit fût discuté; si un président et des juges également éclairés et intègres ont été choisis pour composer ce tribunal et prononcer dans ce jugement, il ne vous reste plus qu'à rechercher qui des deux est l'agresseur. Afin que ce discernement vous devienne plus facile, daignez écouter avec attention le récit des faits : je vais les exposer en peu de mots.

Clodius avait projeté de tourmenter la république, pendant sa préture, par tous les crimes possibles ; mais il voyait que les comices de l'année dernière avaient été si longtemps retardés, qu'à peine il lui resterait quelques mois pour exercer cette magistrature. Bien différent des autres, la gloire d'être nommé flattait peu son desir; ce qu'il voulait, c'était d'éviter d'être le collègue du vertueux L. Pau

IX. Quamobrem, judices,
at veniamus aliquando
ad causam crimenque,
si neque omnis confessio
facti
est inusitata,
neque quidquam
est judicatum a senatu
de nostra causa
aliter ac nos vellemus ;
et lator ipse legis,
quum esset
nulla controversia facti,
voluit tamen
esse disceptationem juris ;
et judices electj,
isque præpositus
quæstioni,
qui disceptet hæc
juste sapienterque :
est reliquum, judices,
ut debeatis jam
quærere nihil aliud,
nisi, uter
fecerit insidias utri.
Quod quo possitis
perspicere facilius
argumentis,
dum vobis expono breviter
rem gestam, quæso,
attendite diligenter.
   Quum P. Clodius
statuisset
vexare rempublicam
omni scelere
in prætura,
videretque comitia
esse tracta ita
anno superiore,
ut non posset
gerere præturam
multos menses ;
qui non spectaret
gradum honoris,
ut ceteri,
sed et vellet
effugere collegam

IX. Ainsi, juges,
pour que nous venions enfin
à la cause et à l'accusation,
si et tout aveu
du fait
n'est pas inusité,
et si quelque chose
n'a pas été jugé par le sénat
touchant notre cause
autrement que nous *ne* voudrions ;
et si l'auteur même de la loi,
alors qu'il n'existerait
aucune discussion du fait,
a voulu cependant
être une contestation du droit ;
et si des juges *ont été* choisis,
et si celui-là a été préposé
à la commission,
qui puisse-décider ces choses
justement et sagement :
il est restant (il reste), juges,
que vous *ne* deviez déjà
rechercher rien autre chose,
sinon, lequel des deux
a fait (dressé) des embûches à l'autre.
Laquelle *question* afin que vous puissiez
pénétrer plus facilement
d'après les preuves,
tandis que je vous expose brièvement
la chose faite, je *vous* prie,
soyez-attentifs avec-soin.
   Comme P. Clodius
avait résolu
de tourmenter la république
par tout crime *possible*
pendant *sa* préture,
et qu'il voyait les comices
avoir été prolongés tellement
l'année precédente,
qu'il ne pourrait pas
exercer la préture
pendant beaucoup de mois ;
lui qui n'avait-pas-en-vue
le degré (l'élévation) de *cette* dignite
comme les autres,
mais et *qui* voulait
éviter pour collègue

collegam effugere vellet[1], singulari virtute civem, et annum integrum ad dilacerandam rempublicam quæreret; subito reliquit annum suum, seque in annum proximum transtulit, non, ut fit, religione aliqua, sed ut haberet, quod ipse dicebat, ad præturam gerendam, hoc est, ad evertendam rempublicam, plenum annum atque integrum.

Occurrebat ei, mancam ac debilem præturam suam futuram, consule Milone : eum porro summo consensu populi romani consulem fieri videbat. Contulit se ad ejus competitores[2]; sed ita, totam ut petitionem ipse solus, etiam invitis illis, gubernaret; tota ut comitia suis, ut dictitabat, humeris sustineret. Convocabat tribus ; se interponebat ; Collinam novam, delectu perditissimorum civium, conscribebat. Quanto ille plura miscebat, tanto hic magis in dies convalescebat.

lus, et de pouvoir déchirer la patrie pendant toute une année : il se désista tout à coup, et réserva son droit pour l'élection suivante, non par scrupule, comme il arrive quelquefois, mais parce qu'il lui fallait, ainsi qu'il le disait lui-même, une année complète et entière pour exercer la préture, c'est-à-dire pour bouleverser la république

Il ne se dissimulait pas que, sous un consul tel que Milon, l'autorité de sa préture serait faible et gênée : or, tous les vœux du peuple romain portaient Milon au consulat. Que fait-il? il s'unit aux autres compétiteurs ; mais de manière que seul, même malgré eux, il dirige toutes les brigues, et qu'il porte les comices entiers sur ses épaules : ce sont ses propres expressions. Il convoque les tribus, marchande les suffrages, enrôle la plus vile populace dans la nouvelle tribu Colline. Vains efforts! plus il s'agite, plus les forces de

L. Paulum,	L. Paulus,
civem virtute singulari,	citoyen d'une vertu singulière,
et quæreret	et *qui* recherchait
annum integrum	une année entière
ad dilacerandam	pour déchirer
rempublicam;	la république;
subito reliquit	tout à coup il abandonna
suum annum,	son année,
seque transtulit	et se transféra
in annum proximum,	à l'année prochaine,
non, ut fit,	non pas, comme *cela* se fait,
aliqua religione,	par quelque scrupule,
sed ut haberet,	mais afin qu'il eût,
quod dicebat ipse,	*ce* qu'il disait lui-même,
ad gerendam præturam,	pour exercer la préture,
hoc est,	*c'est-à-dire*,
ad evertendam	pour renverser
rempublicam,	la république,
annum plenum	une année pleine
atque integrum.	et entière.
Occurrebat ei,	*Cette pensée* se présentait à lui,
suam præturam	sa préture
futuram mancam	devoir être mutilée (impuissante)
ac debilem,	et faible,
Milone consule :	Milon étant consul :
porro videbat eum	de plus il voyait lui
fieri consulem	être fait consul
summo consensu	avec le plus grand accord
populi romani.	du peuple romain.
Se contulit	Il se transporta
ad competitores ejus;	vers les compétiteurs de lui;
sed ita, ut ipse solus,	mais de telle sorte, que lui-même seul,
etiam illis invitis,	même eux ne-voulant-pas,
gubernaret	dirigeait
totam petitionem;	toute la brigue;
ut sustineret suis humeris,	qu'il soutenait de ses épaules,
ut dictitabat,	comme il *le* disait-fréquemment,
comitia tota.	les comices tout entiers.
Convocabat tribus;	Il convoquait les tribus;
se interponebat;	il s'entremettait;
conscribebat	il enrôlait
novam Collinam,	la nouvelle *tribu* Colline,
delectu	par une levée
civium perditissimorum.	des citoyens les plus corrompus.
Quanto plura	D'autant plus de choses
ille miscebat,	celui-là (Clodius) brouillait,
tanto magis hic	d'autant plus celui-ci (Milon)

Ubi vidit homo ad omne facinus paratissimus, fortissimum virum, inimicissimum suum, certissimum consulem, idque intellexit non solum sermonibus, sed etiam suffragiis populi romani sæpe esse declaratum, palam agere cœpit, et aperte dicere, occidendum Milonem.

Servos agrestes et barbaros, quibus silvas publicas depopulatus erat, Etruriamque vexarat, ex Apennino deduxerat, quos videbatis. Res erat minime obscura. Etenim palam dictitabat, consulatum Miloni eripi non posse, vitam posse. Significavit hoc sæpe in senatu; dixit in concione. Quin etiam Favonio[1], fortissimo viro, quærenti ex eo, qua spe fureret, Milone vivo, respondit, triduo illum, ad summum quatriduo, periturum : quam vocem ejus ad hunc M. Catonem statim Favonius detulit.

X. Interim, quum sciret Clodius, neque enim erat difficile

Milon s'accroissent : il ne peut plus douter que cet homme intrépide, son ennemi déclaré, ne soit nommé consul; c'est le bruit de toute la ville; déjà même les suffrages du peuple romain se sont déclarés. Alors ce scélérat, déterminé à tous les crimes, quitte le masque, et dit ouvertement qu'il faut tuer Milon.

Il avait fait descendre de l'Apennin des esclaves sauvages et barbares, dont il s'était servi pour dévaster les forêts publiques et ravager l'Étrurie. Ils étaient ici sous vos yeux; ses intentions n'étaient pas cachées. Il publiait partout que, si l'on ne pouvait pas ravir le consulat à Milon, on pouvait lui ôter la vie. Il l'a fait entendre plusieurs fois dans le sénat; il l'a dit en pleine assemblée. Interrogé même par Favonius sur ce qu'il espérait de ses fureurs, lorsque Milon était vivant, il répondit que, dans trois ou quatre jours au plus tard, Milon serait mort. Favonius aussitôt fit part de cette réponse à Caton, un de nos juges.

X. Cependant il savait, et il n'était pas difficile de le savoir, que

convalescebat in dies.	se fortifiait de jour en jour.
Ubi homo	Dès que *cet* homme
paratissimus	très-disposé
ad omne facinus	à tout crime
vidit virum fortissimum,	vit un homme très-courageux,
inimicissimum suum,	très-ennemi de-lui,
consulem certissimum,	consul très-assuré,
intellexitque id	et qu'il comprit cela
esse declaratum sæpe	avoir été déclaré souvent
non solum sermonibus,	non seulement par les conversations,
sed etiam suffragiis	mais encore par les suffrages
populi romani,	du peuple romain,
cœpit agere palam,	il commença à agir publiquement,
et dicere aperte,	et à dire ouvertement,
Milonem occidendum.	Milon devoir être tué.

Deduxerat ex Apennino	Il avait fait-descendre de l'Apennin
servos agrestes	des esclaves sauvages
et barbaros,	et barbares,
quibus erat depopulatus	avec lesquels il avait dévasté
silvas publicas,	les forêts publiques,
vexaratque Etruriam,	et avait ravagé l'Etrurie,
quos videbatis.	*esclaves* que vous voyiez.
Res erat minime obscura.	La chose n'était pas du tout obscure.
Etenim dictitabat	Et en effet il répétait-souvent
palam,	publiquement,
consulatum non posse	le consulat ne pouvoir pas
eripi Miloni,	être ravi à Milon,
vitam posse.	la vie pouvoir *lui être ravie*.
Significavit hoc	Il a fait-entendre cela
sæpe in senatu;	souvent dans le sénat;
dixit in concione.	il *l'*a dit dans l'assemblée.
Quin etiam respondit	Bien plus encore il répondit
Favonio, viro fortissimo,	à Favonius, homme très-courageux,
quærenti ex eo,	qui demandait à lui,
qua spe	dans quelle espérance
fureret,	il exerçait-ses-fureurs,
Milone vivo,	Milon *étant* vivant,
illum periturum	lui (Milon) devoir périr
triduo,	dans un espace-de-trois-jours,
ad summum quatriduo;	au plus, de-quatre-jours;
quam vocem ejus	laquelle parole de lui
Favonius detulit statim	Favonius dénonça sur-le-champ
ad hunc M. Catonem.	à ce M. Caton *ici présent*.

X. Interim,	X. Cependant,
quum Clodius sciret,	comme Clodius savait,
neque enim erat difficile	et en effet il n'était pas difficile
scire,	de *le* savoir,

scire, iter solemne, legitimum, necessarium, ante diem XIII Calendas Feb. Miloni esse Lanuvium ad flaminem prodendum [1], quod erat dictator Lanuvii Milo; Roma subito ipse profectus pridie est, ut ante suum fundum, quod re intellectum est, Miloni insidias collocaret. Atque ita profectus est, ut concionem turbulentam, in qua ejus furor desideratus est, quæ illo ipso die habita est, relinqueret; quam, nisi obire facinoris locum tempusque voluisset, nunquam reliquisset.

Milo autem [2], quum in senatu fuisset eo die, quoad senatus dimissus est, domum venit; calceos et vestimenta mutavit; paulisper, dum se uxor, ut fit, comparat, commoratus est; deinde profectus est id temporis, quum jam Clodius, si quidem eo die Romam venturus erat, redire potuisset. Obviam fit ei Clodius expeditus, in equo, nulla rheda, nullis impedimentis,

le 20 de janvier, Milon irait à Lanuvium, où il devait, en sa qualité de dictateur, nommer un flamine : ce voyage avait un motif connu, légitime, indispensable. La veille, Clodius sort de Rome, dans le dessein de l'attendre devant une de ses métairies, ainsi que l'événement l'a prouvé. Et ce brusque départ ne lui permit pas d'assister à une assemblée tumultueuse qui se tint ce même jour, et dans laquelle l'absence de ses fureurs causa bien des regrets : il n'aurait eu garde d'y manquer, s'il n'avait voulu s'assurer d'avance et du lieu et du moment pour la consommation du crime.

Milon, après être resté ce même jour dans le sénat jusqu'à la fin de la séance, rentra chez lui, changea de vêtement et de chaussure attendit quelque temps que sa femme eût fait tous ses apprêts. Ensuite il partit, lorsque déjà Clodius aurait pu être de retour, s'il avait dû revenir à Rome ce jour-là. Clodius vient au-devant lui, à cheval, sans voiture, sans embarras, n'ayant avec lui ni ses Grecs

iter solemne, legitimum, necessarium,	un voyage solennel, légal, nécessaire,
esse Miloni Lanuvium	être à Milon à Lanuvium
ante tredecimum diem	le treizième jour avant
calendas februarias,	les calendes de-février,
ad prodendum flaminem,	pour créer un flamine,
quod Milo erat dictator Lanuvii ;	parce que Milon était dictateur de Lanuvium ;
subito ipse	aussitôt lui-même
est profectus Roma pridie,	il partit de Rome la veille,
ut collocaret insidias Miloni	afin qu'il établît des embûches à Milon
ante suum fundum,	devant son domaine,
quod est intellectum re.	ce qui fut compris par le fait.
Atque est profectus ita,	Et il partit de telle sorte,
ut relinqueret	qu'il abandonnait
concionem turbulentam,	une assemblée tumultueuse,
in qua furor ejus	dans laquelle la fureur de lui
est desideratus,	fut regrettée,
quæ est habita	qui fut tenue
illo ipse die ;	ce même jour ;
quam, nisi voluisset	laquelle *assemblée*, s'il n'avait pas voulu
obire locum	aller-trouver le lieu
tempusque facinoris,	et le moment du crime,
nunquam reliquisset.	il n'eût jamais abandonnée.
Milo autem,	Milon au contraire,
quum fuisset eo die in senatu,	après qu'il eut été ce jour-là au sénat,
quoad est dimissus,	jusqu'à ce que *le sénat* fut congédié,
venit domum ;	vint à *sa* maison ;
mutavit calceos et vestimenta ;	il changea de chaussures et de vêtements ;
est commoratus paulisper,	il tarda quelque peu,
dum uxor se comparat,	tandis que *sa* femme se prépare,
ut fit ;	comme *cela* se fait ;
deinde est profectus	ensuite il partit
id temporis,	vers ce temps,
quum jam Clodius,	lorsque déjà Clodius,
siquidem	si toutefois
erat venturus Romam eo die,	il devait venir à Rome ce jour-là,
potuisset redire.	aurait pu être-de-retour.
Clodius fit obviam ei	Clodius se trouve à la rencontre de lui
expeditus, in equo,	sans-bagage, sur un cheval,
nulla rheda,	sans voiture,
nullis impedimentis,	sans embarras,
nullis comitibus græcis,	sans compagnons grecs,

nullis græcis comitibus, ut solebat; sine uxore[1], quod nunquam fere : quum hic insidiator, qui iter illud ad cædem faciendam apparasset, cum uxore veheretur in rheda, pænulatus[2], magno impedimento, et muliebri ac delicato ancillarum puerorumque comitatu[3].

Fit obviam Clodio ante fundum ejus, hora fere undecima[4], aut non multo secus. Statim complures cum telis in hunc faciunt de loco superiore impetum. Adversi rhedarium occidunt. Quum autem hic de rheda, rejecta pænula, desiluisset, seque acri animo defenderet, illi, qui erant cum Clodio, gladiis eductis, partim recurrere ad rhedam, ut a tergo Milonem adorirentur, partim, quod hunc jam interfectum putarent, cædere incipiunt ejus servos, qui post erant : ex quibus, qui animo fideli in dominum et præsenti fuerunt, partim occisi sunt; partim, quum ad rhedam pugnari viderent, et domino

qui le suivaient ordinairement, ni sa femme qui ne le quittait presque jamais : et Milon, ce brigand qui avait prétexté ce voyage pour commettre un assassinat, était en voiture, accompagné de son épouse, enveloppé d'un manteau, ayant avec lui des bagages considérables, suivi d'une troupe d'enfants et de femmes, cortége faible et timide.

La rencontre eut lieu devant une terre de Clodius, à la onzième heure ou peu s'en faut. A l'instant, du haut d'une éminence, une troupe de gens armés fond sur Milon. Ceux qui l'attaquent par-devan tuent le conducteur de sa voiture. Il se dégage de son manteau, s'élance à terre et se défend avec vigueur. Ceux qui étaient auprès de Clodius tirent leurs épées : les uns reviennent pour attaquer Milon par-derrière; d'autres le croyant déjà tué, font main basse sur le(esclaves qui le suivaient de loin. Plusieurs de ces derniers donnèrent des preuves de courage et de fidélité. Une partie fut massacrée; les autres, voyant que l'on combattait autour de la voiture, et qu'on les

ut solebat ;	comme il avait-coutume ;
sine uxore,	sans *sa* femme,
quod fere nunquam :	ce-qui *n'arrivait* presque jamais :
dum hic insidiator,	tandis que ce dresseur-d'embûches,
qui apparasset illud iter	qui avait préparé ce voyage
ad faciendam cædem,	pour faire (commettre) un meurtre,
veheretur in rheda	était porté dans une voiture
cum uxore,	avec *sa* femme,
pænulatus,	enveloppé-d'une-pénule,
impedimento magno,	avec un train considérable,
et comitatu	et une escorte
muliebri ac delicato	féminine et délicate
ancillarum puerorumque.	de suivantes et d'enfants.
Fit obviam Clodio	Il se-trouve à-la-rencontre de Clodius
ante fundum ejus,	devant le domaine de lui (Clodius),
fere undecima hora,	à peu près à la onzième heure,
aut non multo secus.	ou pas beaucoup moins.
Statim complures	Aussitôt des *hommes* nombreux
cum telis	avec des armes
faciunt impetum in hunc	font irruption sur celui-ci
de loco superiore.	d'un lieu plus élevé.
Adversi	Ceux *qui sont* en-face
occidunt rhedarium.	tuent le conducteur-de-la-voiture.
Quum autem hic	Mais lorsque celui-ci
desiluisset de rheda,	eut-sauté-en-bas de la voiture,
pænula rejecta,	*sa* pénule ayant été rejetée,
seque defenderet	et qu'il se défendait
acri animo,	avec un vif courage,
illi qui erant cum Clodio,	ceux qui étaient avec Clodius,
gladiis eductis,	leurs épées ayant été tirées,
partim recurrere	en partie *commencent à* revenir-en-courant
ad rhedam,	à la voiture,
ut adorirentur Milonem	pour qu'ils attaquassent Milon
a tergo ;	par derrière ;
partim, quod putarent	en partie, parce qu'ils croyaient
hunc jam interfectum,	lui déjà tué,
incipiunt cædere	commencent à massacrer
servos ejus,	les esclaves de lui,
qui erant post :	qui étaient derrière ;
ex quibus,	desquels *esclaves*,
qui fuerunt	ceux qui furent
in dominum	envers *leur* maître
animo fideli	d'un cœur fidèle
et præsenti,	et présent (ferme),
partim sunt occisi,	en partie furent tués,
partim, quum viderent	en partie, comme ils voyaient
pugnari ad rhedam,	être-combattu auprès de la voiture,

succurrere prohiberentur, Milonemque occisum etiam ex ipso
Clodio audirent, et ita esse putarent, fecerunt id (dicam enim,
non derivandi criminis causa, sed ut factum est), neque
imperante, neque sciente, neque præsente domino, quod
suos quisque servos in tali re facere voluisset.

XI. Hæc, sicut exposui, ita gesta sunt, judices : insidiator
superatus, vi victa vis, vel potius oppressa virtute audacia est.
Nihil dico, quid respublica consecuta sit; nihil, quid vos; nihil, quid omnes boni : nihil sane id prosit Miloni, qui hoc fato
natus est, ut ne se quidem servare potuerit, quin una rempublicam vosque servaret. Si id jure non posset, nihil habeo,
quod defendam. Sin hoc et ratio doctis, et necessitas barbaris,
et mos gentibus, et feris natura ipsa præscripsit, ut omnem

empêchait de secourir leur maître, entendant Clodius lui-même
s'écrier que Milon était tué, et croyant en effet qu'il n'était plus,
firent alors, je le dirai, non pour éluder l'accusation, mais pour
énoncer le fait tel qu'il est, sans que leur maître le commandât,
sans qu'il le sût, sans qu'il le vît, ce que chacun aurait voulu que
ses esclaves fissent en pareille circonstance.

XI. Juges, les choses se sont passées comme je viens de les exposer : l'agresseur a succombé; la force a été vaincue par la force, ou
plutôt le courage a triomphé de l'audace. Je ne dis point combien
cet événement a été utile pour la république, pour vous, pour tous
les bons citoyens : que cette considération ne serve de rien à Milon,
dont la destinée est telle, qu'il n'a pu se sauver, sans conserver tout
l'État avec lui. S'il n'a pas eu droit de le faire, je n'ai rien à
répondre. Si au contraire la raison, la nécessité, les conventions
sociales, la nature elle-même, prescrivent aux sages, aux barbares,
aux nations civilisées, aux animaux, d'user de tous les moyens pour

et prohiberentur
succurrere domino,
audirentque etiam
ex Clodio ipso
Milonem occisum,
et putarent esse ita
fecerunt id
(dicam enim,
non
causa derivandi criminis,
sed ut est factum),
domino neque imperante,
neque sciente,
neque præsente,
quod quisque voluisset
suos servos facere
in tali re.

XI. Hæc sunt gesta ita,
sicut exposui, judices :
insidiator superatus,
vis victa vi,
vel potius audacia
oppressa est virtute.
Dico nihil,
quid respublica
sit consecuta ;
nihil,
quid vos ;
nihil,
quid omnes boni :
id prosit
nihil sane Miloni,
qui est natus hoc fato,
ut ne potuerit quidem
se servare,
quin servaret una
rempublicam vosque.
Si non posset id
jure,
habeo nihil,
quod defendam.
Sin et ratio
præscripsit hoc doctis,
et necessitas barbaris,
et mos gentibus,
et natura ipsa feris.
ut semper,

et qu'ils étaient empêchés
de secourir *leur* maître,
et qu'ils entendaient de plus
de Clodius lui-même
Milon *avoir été* tué,
et qu'ils pensaient *la chose* être ainsi,
firent cela
(je *le* dirai en effet,
non pas
pour détourner l'accusation,
mais comme *cela* a été fait),
le maître et ne *l'*ordonnant pas,
et ne *le* sachant pas,
et n'étant pas présent,
cela que chacun aurait voulu
ses esclaves faire
dans une telle circonstance.

XI. Ces choses ont été faites ainsi,
comme je *les* ai exposées, juges :
l'agresseur a été terrassé,
la force a été vaincue par la force,
ou plutôt l'audace
a été écrasée par la valeur.
Je ne dis nullement,
ce-que la république
a gagné ;
je ne dis nullement,
ce-que vous *avez gagné ;*
je ne dis nullement,
ce-que tous les bons *ont gagné* :
que cela *ne* soit-utile
en rien absolument à Milon,
qui est né avec cette destinée,
qu'il n'a pas même pu
se sauver,
qu'il ne sauvât en-même-temps
la république et vous.
S'il ne pouvait pas *faire* cela
avec *bon* droit,
je n'ai rien,
que je puisse dire-pour-défense.
Si au contraire et la raison
a prescrit ceci aux *hommes* instruits,
et la nécessité aux barbares,
et la coutume aux nations,
et la nature elle-même aux bêtes,
que toujours,

semper vim, quacumque ope possent, a corpore, a capite, a vita sua propulsarent; non potestis hoc facinus improbum judicare, quin simul judicetis, omnibus, qui in latrones inciderint, aut illorum telis aut vestris sententiis esse pereundum. Quod si ita putasset, certe optabilius Miloni fuit dare jugulum P. Clodio, non semel ab illo neque tum primum petitum, quam jugulari a vobis, quia se illi non jugulandum tradidisset. Sin hoc nemo vestrum ita sentit, illud jam in judicium venit, non, Occisusne sit, quod fatemur, sed, Jure an injuria, quod multis in causis sæpe quæsitum est. Insidias factas esse constat; et id est, quod senatus contra rempublicam factum judicavit. Ab utro factæ sint, incertum est. De hoc igitur latum est, ut quæreretur. Ita et senatus rem, non hominem, notavit; et Pompeius de jure, non de facto, quæstionem tulit.

repousser toute atteinte portée à leur vie, vous ne pouvez condamner Milon sans prononcer en même temps que tout homme qui tombera entre les mains des brigands, doit périr par leurs armes, ou par vos jugements. Si Milon eût pu le penser, il aurait mieux valu pour lui qu'il abandonnât à Clodius des jours auxquels ce furieux avait tant de fois attenté, que d'être égorgé par vous pour n'avoir pas tendu la gorge à son assassin. Mais si parmi vous personne n'adopte un tel système, la question se réduit à savoir, non pas si Clodius a été tué, nous l'avouons; mais s'il l'a été justement ou non: cette question n'est point nouvelle; on l'a traitée déjà dans une infinité de causes. Il est constant que des embûches ont été dressées; et c'est ce que le sénat a déclaré être un attentat contre la sûreté publique. Qui des deux les a dressées? la chose est incertaine; et voilà sur quoi la loi ordonne qu'il sera informé. Ainsi le sénat a condamné l'action, sans rien préjuger sur la personne, et Pompée a voulu qu'on examinât le droit, et non le fait.

quacumque ope possent,	par quelque moyen qu'ils *le* pussent,
propulsarent omnem vim	ils repoussassent toute violence
a corpore, a capite,	de *leur* corps, de *leur* tête,
a sua vita;	de leur vie;
non potestis judicare	vous ne pouvez pas juger
hoc facinus improbum,	cette action *être* criminelle,
quin judicetis simul,	que vous ne jugiez en-même-temps,
esse pereundum	être nécessité-de-périr
omnibus, qui inciderint	pour tous ceux qui seront tombés
in latrones,	sur des (à la rencontre de) brigands,
aut telis illorum	ou par les traits de ces *brigands*,
aut vestris sententiis.	ou par vos suffrages.
Quod si putasset ita,	Que s'il avait pensé ainsi,
certe fuit optabilius	certes il aurait été plus désirable
Miloni	pour Milon
dare P. Clodio jugulum,	de donner (présenter) à P. Clodius son cou,
petitum ab illo	cherché (attaqué) par celui-là
non semel	non pas une-seule-fois
neque tum primum,	ni alors pour-la-première-fois,
quam jugulari a vobis,	que d'être égorgé par vous,
quia non se tradidisset illi	parce qu'il ne se serait pas livré à lui
jugulandum.	devant-être-égorgé.
Sin nemo vestrum	Si au contraire aucun de vous
sentit ita hoc,	ne pense ainsi cela,
illud jam venit	ceci désormais vient
in judicium,	en jugement,
non, Sitne occisus,	non pas, S'il a été tué,
quod fatemur,	ce-que nous avouons,
sed, Jure	mais, *S'il l'a été* avec droit
an injuria,	ou à tort,
quod est quæsitum sæpe	ce-qui a été recherché souvent
in multis causis.	dans beaucoup de causes.
Constat	Il est constant
insidias esse factas;	des embûches avoir été faites (dressées);
et id est,	et c'est *cela*,
quod senatus judicavit	que le sénat a jugé
factum	*avoir été* fait
contra rempublicam.	contre la république.
Est incertum,	Il est incertain,
ab utro	par lequel des deux
sint factæ.	elles ont été faites (dressées).
Est igitur latum,	Il a donc été proposé,
ut quæreretur de hoc.	qu'il fût informé sur ce *point*.
Ita et senatus	Ainsi et le sénat
notavit rem,	a blâmé l'action,
non hominem;	non pas l'homme;
et Pompeius	et Pompée

XII. Num quid igitur aliud in judicium venit, nisi, uter utri insidias fecerit [1]? Profecto nihil. Si hic illi, ut ne sit impune : si ille huic, tum nos scelere solvamur.

Quonam igitur pacto probari potest, insidias Miloni fecisse Clodium [2]? Satis est quidem, in illa tam audaci, tam nefaria bellua, docere, magnam ei causam, magnam spem in Milonis morte propositam, magnas utilitates fuisse. Itaque illud Cassianum, Cui bono fuerit [3], in his personis valeat : etsi boni nullo emolumento impelluntur in fraudem, improbi sæpe parvo. Atqui, Milone interfecto, Clodius hoc assequebatur, non modo ut prætor esset, non eo consule, quo sceleris nihil facere posset; sed etiam ut his consulibus prætor esset, quibus, si non adjuvantibus, at conniventibus certe, sperasset, se posse rem-

---

XII. Tout se réduit donc à savoir qui des deux a dressé des embûches à l'autre. Si c'est Milon, il faut le punir; si c'est Clodius, il faut nous absoudre.

Mais comment prouver que Clodius a été l'agresseur? Lorsqu'il s'agit d'un scélérat, d'un monstre de cette espèce, il suffit de montrer qu'il avait un grand intérêt à faire périr Milon, et qu'il fondait sur sa mort l'espérance des plus grands avantages. Que le mot de Cassius : *A qui l'action a-t-elle dû profiter?* nous dirige donc et nous aide dans nos recherches. Si nul motif ne peut engager l'honnête homme à faire le mal, souvent un léger intérêt y détermine le méchant. Or Clodius, en tuant Milon, ne craignait plus d'être subordonné, pendant sa préture, à un consul qui l'aurait mis dans l'impuissance de commettre le crime; il se flattait, au contraire, d'être préteur sous des consuls qui seconderaient ses fureurs, qui du moins fermeraient les yeux, et le laisseraient à son gré déchirer la

tulit quæstionem
de jure,
non de facto.
XII. Num igitur
quid aliud
venit in judicium,
nisi, uter
fecerit insidias utri ?
Profecto nihil.
Si hic illi,
ut ne sit impune :
si ille huic,
tum nos solvamur scelere.
Quonam igitur pacto
potest probari,
Clodium fecisse insidias
Miloni ?
Est quidem satis,
in illa bellua
tam audaci, tam nefaria,
docere, magnam causam,
magnam spem
fuisse propositam ei
in morte Milonis,
magnas utilitates.
Itaque illud Cassianum,
CUI FUERIT
BONO,
valeat in his personis :
etsi boni
impelluntur in fraudem
nullo emolumento,
improbi sæpe
parvo.
Atqui, Milone interfecto,
Clodius assequebatur hoc,
non modo
ut esset prætor,
non consule eo,
quo posset
facere nihil sceleris ;
sed etiam ut esset prætor,
his consulibus,
quibus,
si non adjuvantibus,
at certe conniventibus,
sperasset, se posse

a proposé une information
sur le droit,
non sur le fait.
XII. Est-ce que donc
quelque chose *d'*autre
vient en jugement,
sinon, lequel des deux
a dressé des embûches à l'autre ?
assurément rien.
Si celui-ci *en a dressé* à celui-là,
que *cela* ne soit pas impunément :
si celui-là *en a dressé* à celui-ci,
alors que nous soyons absous du crime.
De quelle manière donc
peut-il être prouvé,
Clodius avoir dressé des embûches
à Milon ?
*C'*est à la vérité assez,
au sujet de cette bête-féroce
si audacieuse, si abominable,
de faire-voir, un grand motif,
une grande espérance
avoir été offerte à lui
dans la mort de Milon
et aussi de grands avantages.
Aussi que ce *mot* de-Cassius,
A QUI *l'action* A-T-ELLE ÉTÉ
A BIEN (avantageuse),
ait-force au sujet de ces personnes,
bien que les *hommes* vertueux
ne soient portés au mal
par aucun profit,
et que les pervers *y soient portés* souvent
par un petit *profit.*
Or, Milon tué,
Clodius arrivait à ceci.
non seulement
qu'il fût préteur,
n'*étant* pas consul celui-là,
lequel *étant consul* il ne pouvait
commettre rien de crime (aucun crime)·
mais encore qu'il fût préteur,
ceux-là *étant* consuls,
lesquels,
si non *l'*aidant,
mais du moins fermant-les-yeux,
il avait espéré, lui pouvoir

publicam eludere in illis suis cogitatis furoribus : cujus illi conatus, ut ipse ratiocinabatur, nec, si possent, reprimere cuperent, quum tantum beneficium ei se debere arbitrarentur ; et,
si vellent, fortasse vix possent frangere hominis sceleratissimi
corroboratam jam vetustate audaciam.

An vero, judices, vos soli ignoratis, vos hospites in hac urbe
versamini ? vestræ peregrinantur aures, neque in hoc pervagato
civitatis sermone versantur, quas ille leges, si leges nominandæ
sunt, ac non faces urbis et pestes reipublicæ, fuerit impositurus
nobis omnibus atque inusturus ? Exhibe, quæso, Sexte Clodi¹,
exhibe librarium illud legum vestrarum, quod te aiunt eri-
puisse e domo, et ex mediis armis turbaque nocturna², tanquam
Palladium, sustulisse, ut præclarum videlicet munus atque in-

république : en un mot, il espérait que ces magistrats, enchaînés par
la reconnaissance, ne voudraient pas s'opposer à ses projets, ou
que, s'ils le voulaient, ils ne seraient pas assez puissants pour réprimer une audace fortifiée par une longue habitude du crime.

Eh quoi! citoyens, êtes-vous étrangers dans Rome? et ce qui fait
l'entretien de toute la ville, n'a-t-il jamais frappé vos oreilles? Seuls,
ignorez-vous de quelles lois, si l'on peut nommer ainsi des édits
funestes et destructeurs de la république, de quelles lois, dis-je, il
devait nous accabler et nous flétrir? De grâce, Sextus, montrez ce
code, votre commun ouvrage, que vous avez, dit-on, emporté de la
maison de Clodius, et sauvé, comme un autre Palladium, du
milieu des armes et du tumulte : votre dessein était sans doute, si

eludere rempublicam	se jouer de la république
in illis furoribus suis	dans ces fureurs siennes
cogitatis :	méditées :
cujus illi,	duquel ceux-là,
ut ipse ratiocinabatur,	comme lui-même il calculait,
nec cuperent	et ne désireraient pas
reprimere conatus,	de réprimer les tentatives,
si possent,	s'ils le pouvaient,
quum arbitrarentur	alors qu'ils estimeraient
se debere ei	eux devoir à lui
tantum beneficium ;	un si-grand bienfait ;
et, si vellent,	et, s'ils le voulaient,
fortasse vix possent	peut-être à peine pourraient-ils
frangere audaciam	briser (abattre) l'audace
hominis sceleratissimi	de l'homme le plus scélérat
corroboratam jam	fortifiée déjà
vetustate.	par une longue-habitude.
An vero, judices,	Mais est-ce que, juges,
vos soli ignoratis,	vous seuls l'ignorez,
vos versamini	est-ce que vous vivez
in hac urbe	dans cette ville
hospites?	comme si vous étiez des étrangers ?
vestræ aures	vos oreilles
peregrinantur,	sont-elles-en-d'autres-pays,
neque versantur	et ne sont-elles-pas-habituellement
in hoc sermone pervagato	au-milieu-de ce bruit répandu
civitatis,	de la cité (qui occupe la cité),
quas leges,	à savoir quelles lois,
si sunt nominandæ leges,	si elles doivent être nommées des lois
ac non faces	et non des torches incendiaires
urbis	de la ville
et pestes reipublicæ,	et des fléaux de la république,
ille fuerit impositurus	ce Clodius aurait imposées
atque inusturus	et aurait infligées
nobis omnibus?	à nous tous ?
Exhibe, quæso,	Exhibe, je t'en prie,
Sexte Clodi,	Sextus Clodius,
exhibe illud librarium	exhibe ce recueil
vestrarum legum,	de vos lois,
quod aiunt te	que l'on dit toi
eripuisse e domo,	avoir arraché de ta maison,
et sustulisse	et avoir enlevé
ex mediis armis	du milieu des armes
turbaque nocturna,	et du tumulte nocturne,
tanquam Palladium,	comme un Palladium,
ut videlicet	pour que sans-doute
posses deferre	tu pusses apporter

strumentum tribunatus ad aliquem, si nactus esses, qui tuo arbitrio tribunatum gereret, deferre posses. Et adspexit me [1] illis quidem oculis, quibus tum solebat, quum omnia omnibus minabatur. Movet me quippe lumen curiæ [2].

XIII. Quid? tu me iratum, Sexte, putas tibi, cujus tu inimicissimum multo crudelius etiam punitus es, quam erat humanitatis meæ postulare? Tu P. Clodii cruentum cadaver ejecisti domo, tu in publicum abjecisti : tu spoliatum imaginibus [3], exsequiis, pompa, laudatione, infelicissimis lignis semiustulatum, nocturnis canibus dilaniandum reliquisti. Quam rem etsi, quia nefarie fecisti, laudare non possum; tamen, quoniam in meo inimico crudelitatem expromsisti tuam, irasci certe non debeo.

P. Clodii præturam non sine maximo rerum novarum metu

vous rencontriez un tribun docile et complaisant, de lui remettre ce recueil instructif, ces précieux mémoires. Il vient de me lancer un de ces regards, qui jadis étaient si terribles. Certes mes yeux sont éblouis par ce flambeau du sénat.

XIII. Ah! Sextus, pouvez-vous me croire irrité contre vous, après que vous avez fait subir à mon plus mortel ennemi une punition mille fois plus cruelle que mon humanité n'aurait pu la désirer? Traîner son corps sanglant hors de sa maison, le jeter sur la place publique, et là, sans pompe, sans convoi, sans éloge funèbre, sans qu'on aperçût les bustes de ses ancêtres, essayer de le brûler avec quelques misérables planches, laisser ses tristes restes en proie aux chiens dévorants : voilà, Sextus, voilà ce que vous avez fait. Cette action est horrible, elle est impie; mais enfin, c'est sur mon ennemi que s'exerçait votre barbarie, et, si je ne puis vous louer, ce n est pas à moi de vous en faire un reproche.

La préture de Clodius présentait la perspective des troubles les

præclarum munus	ce brillant cadeau
atque instrumentum	et *cette belle* ressource
tribunatus	d'un tribunat
ad aliquem,	à quelqu'un,
si esses nactus,	si tu *l'*avais trouvé,
qui gereret tribunatum	qui voulût exercer le tribunat
tuo arbitrio.	à ton gré.
Et me adspexit quidem	Et il m'a regardé vraiment
illis oculis,	avec ces yeux,
quibus solebat	avec lesquels il avait-coutume *de regarder*
tum, quum minabatur	alors qu'il menaçait
omnibus omnia.	tous *les hommes* de tous *les maux.*
Quippe lumen curiæ	Certes *ce* flambeau du sénat
me movet.	me trouble.
XIII. Quid ? Sexte,	XIII. Quoi ? Sextus,
tu me putas iratum tibi,	tu me crois irrité contre toi,
cujus tu punitus es	*moi* dont tu as puni
inimicissimum	le plus-mortel-ennemi
multo crudelius etiam,	beaucoup plus cruellement même,
quam erat	qu'il n'était
meæ humanitatis	de mon humanité
postulare ?	de *le* demander ?
Tu ejecisti domo	Tu as jeté-hors de *sa* maison
cadaver cruentum	le cadavre ensanglanté
P. Clodii,	de P. Clodius,
tu abjecisti in publicum :	tu *l'*as jeté sur *la place* publique :
tu reliquisti	tu *l'*as abandonné,
spoliatum imaginibus,	privé d'images,
exsequiis, pompa,	d'obsèques, de cortége,
laudatione,	d'éloge *funèbre,*
semiustulatum	à demi brûlé
lignis infelicissimis,	par les planches les plus misérables,
dilaniandum	*tu l'as abandonné* à-déchirer
canibus nocturnis.	aux chiens de-la-nuit.
Quam rem,	Laquelle action,
etsi non possum laudare,	bien que je ne puisse *la* louer,
quia fecisti nefarie ;	parce que tu *l'*as faite avec-impiété ;
tamen,	cependant,
quoniam expromsisti	puisque tu as déployé
tuam crudelitatem	ta cruauté
in meo inimico,	à-l'égard-de mon ennemi,
non debeo certe irasci.	je ne dois pas assurément m'*en* fâcher.
Videbatis	Vous voyiez
præturam P. Clodii	la préture de P. Clodius
non proponi	ne pas être présentée
sine maximo metu	sans une très grande crainte
rerum novarum,	de choses nouvelles,

proponi, et solutam fore videbatis, nisi esset is consul, qui eam auderet possetque constringere. Eum Milonem esse quum sentiret universus populus romanus, quis dubitaret suffragio suo se metu, periculo rempublicam liberare? At nunc, **P.** Clodio remoto, usitatis jam rebus enitendum est Miloni, ut tueatur dignitatem suam. Singularis illa huic uni concessa gloria, quæ quotidie augebatur frangendis furoribus Clodianis, jam morte Clodii cecidit. Vos adepti estis, ne quem civem metueretis : hic exercitationem virtutis, suffragationem consulatus, fontem perennem gloriæ suæ perdidit. Itaque Milonis consulatus, qui, vivo Clodio, labefactari non poterat, mortuo denique tentari cœptus est. Non modo igitur nihil prodest, sed obest etiam **P.** Clodii mors Miloni.

At valuit odium; fecit iratus, fecit inimicus, fecit ultor inju-

plus effrayants : il était évident que   ne l'arrêterait, à moins qu'on n'élût un consul qui eût le courage et la force de l'enchaîner. Tout le peuple romain sentait que Milon seul pouvait le faire. Qui donc eût balancé à lui donner son suffrage, afin d'assurer à la fois son propre repos et le salut de la république? Mais aujourd'hui que Clodius n'est plus, Milon ne peut arriver au consulat que par les routes ouvertes au reste des citoyens. La mort de Clodius lui a ravi cette gloire réservée à lui seul, et dont chaque jour il rehaussait l'éclat, en réprimant ses fureurs. Vous y avez gagné de n'avoir plus personne à redouter ; il a perdu l'occasion d'exercer son courage, des droits assurés au consulat, une source intarissable de gloire. Aussi cette dignité, qui ne pouvait échapper à Milon, si Clodius eût vécu, on commence à la lui disputer, à présent que Clodius a cessé de vivre. La mort de Clodius n'est donc pas utile à Milon ; elle nuit même à ses intérêts.

Mais, dit-on, il a été entraîné par la haine ; la colère, l'inimitié,

et fore solutam ,	et devoir être dégagée *d'entraves*,
nisi is esset consul,	à moins que celui-là ne fût consul,
qui auderet possetque	qui oserait et pourrait
eam constringere.	la contenir.
Quum populus romanus	Lorsque le peuple romain
universus	tout entier
sentiret, Milonem esse cum,	pensait, Milon être cet *homme*,
quis dubitaret	qui aurait hésité
se liberare metu,	à se délivrer de **la** crainte ,
rempublicam	*et à délivrer* la république
periculo ,	du danger,
suo suffragio ?	par son suffrage ?
At nunc ,	Mais maintenant,
P. Clodio remoto ,	P. Clodius ayant été écarté,
est Miloni enitendum	il y a pour Milon obligation-de-faire-effort
rebus jam usitatis ,	par les moyens déjà usités ,
ut tueatur	pour qu'il défende
suam dignitatem.	sa dignité.
Illa gloria singularis	Cette gloire particulière
concessa huic uni ,	accordée à lui seul,
quæ augebatur quotidie	qui s'augmentait chaque jour
frangendis furoribus	en réprimant les fureurs
Clodianis ,	de-Clodius , [dius.
cecidit jam morte Clodii.	est tombée désormais par la mort de Clo-
Vos estis adepti ,	Vous, vous avez gagné ,
ne metueretis	que vous ne craigniez pas
quem civem :	quelque citoyen :
hic perdidit	lui , il a perdu
exercitationem virtutis ,	un exercice de *son* courage,
suffragationem consulatus,	une recommandation pour le consulat,
fontem perennem	une source perpétuelle
suæ gloriæ.	de sa gloire.
Itaque consulatus Milonis,	Aussi le consulat de Milon ,
qui , Clodio vivo ,	qui , Clodius *étant* vivant,
non poterat labefactari ,	ne pouvait pas être ébranlé ,
est cœptus denique	a été commencé enfin
tentari ,	à être essayé (attaqué),
mortuo.	*Clodius* étant mort.
Non modo igitur	Non seulement donc
mors P. Clodii	la mort de P. Clodius
prodest nihil,	n'est-utile en rien ,
sed etiam obest Miloni	mais encore est-nuisible à Milon.
At odium valuit;	Mais la haine a prévalu *chez lui;*
fecit iratus ,	il a agi *comme homme* irrité ,
fecit inimicus ,	il a agi *comme* ennemi,
fecit ultor injuriæ ,	il a agi *comme* vengeur de son offense,
fecit punitor	il a agi *comme* vengeur

riæ, punitor doloris sui. Quid?- si hæc, non dico, majora fuerunt in Clodio, quam in Milone, sed in illo maxima, nulla in hoc? quid vultis amplius? Quid enim odisset Clodium Milo, segetem ac materiam suæ gloriæ, præter hoc civile odium, quo omnes improbos odimus? Ille erat ut odisset [1], primum defensorem salutis meæ, deinde vexatorem furoris, domitorem armorum suorum, postremo etiam accusatorem suum: reus enim Milonis lege Plotia fuit Clodius, quoad vixit [2]. Quo tandem animo hoc tyrannum tulisse creditis? quantum odium illius, et, in homine injusto, quam etiam justum?

XIV. Reliquum est, ut jam illum natura ipsius consuetudoque defendat, hunc autem hæc eadem coarguant. Nihil per vim unquam Clodius, omnia per vim Milo. Quid ergo, judices? quum, mœrentibus vobis, urbe cessi, judiciumne timui? non

l'ont fait agir ; il a vengé son injure, assouvi son ressentiment. Eh! que pourra-t-on répondre, je ne dis pas si ces passions ont été plus fortes dans Clodius que dans Milon ; mais si elles ont été portées à l'excès dans le premier, tandis que l'autre en était tout à fait exempt? Pourquoi Milon aurait-il haï Clodius, dont les fureurs servaient de moyen et de matière à sa gloire? Il ne sentait pour lui que cette haine patriotique que chacun de nous porte aux méchants. Clodius, au contraire, avait bien des motifs pour le haïr : Milon était mon défenseur ; il réprimait ses fureurs ; il triomphait de ses armes ; il était son accusateur. Vous le savez, Milon l'avait cité devant les tribunaux en vertu de la loi Plotia ; et Clodius, jusqu'à sa mort, est resté dans les liens de l'accusation. Combien le tyran devait être sensible à cet outrage! Avouons-le; cet homme, injuste partout ailleurs, ne l'était pas dans sa haine.

XIV. Il reste à produire en faveur de Clodius son caractère et la conduite de toute sa vie, et à faire valoir ces mêmes présomptions contre Milon ; à dire que le premier n'employa jamais la violence, et que le second l'a toujours employée. Eh quoi! citoyens, lorsque je me retirai de Rome, en vous laissant tous dans les pleurs, qu'avais-je à redouter? les tribunaux? ou bien les esclaves, les armes, la

sui doloris.

de son ressentiment.

Quid? si hæc,
non dico,

Que *direz-vous?* si ces *motifs*,
je ne dis pas,

fuerunt majora in Clodio,
quam in Milone,
sed maxima in illo,
nulla in hoc?

ont été plus grands chez Clodius
que chez Milon,
mais très grands chez celui-là,
nuls chez celui-ci?

quid vultis amplius?

que voulez-vous de plus?

Quid enim Milo
odisset Clodium,
segetem ac materiam
suæ gloriæ,
præter hoc odium civile,
quo odimus
omnes improbos?

Pourquoi en effet Milon
aurait-il haï Clodius,
semence et matière
de sa gloire,
excepté cette haine de-citoyen,
de laquelle nous haïssons
tous les méchants?

Erat ut ille
odisset, primum
defensorem meæ salutis,
deinde vexatorem furoris,
domitorem
suorum armorum,
postremo etiam
suum accusatorem :

Il y avait *des motifs* pour que celui-là
haît, d'abord
le défenseur de mon salut,
ensuite le persécuteur de *sa* fureur,
le vainqueur
de ses armes,
enfin aussi
son accusateur :

Clodius enim
fuit reus Milonis
lege Plotia,
quoad vixit.

car Clodius
fut l'accusé de Milon
en vertu de la loi Plotia,
tant qu'il vécut.

Quo animo tandem
creditis tyrannum
tulisse hoc?

Dans quel esprit enfin
croyez-vous *ce* tyran
avoir supporté cet *outrage?*

quantum odium illius,
et, in homine injusto,
quam etiam justum?

quelle grande haine pour celui-là (Milon),
et, dans un homme injuste,
combien même juste *cette haine?*

XIV. Est reliquum,
ut jam natura
consuetudoque ipsius
defendat illum,
hæc autem eadem
coarguant hunc.

XIV. Il est restant (il reste)
que maintenant la nature
et l'habitude de lui-même
défendent celui-là,
mais que ces mêmes *présomptions*
contribuent-à-convaincre celui-ci.

Clodius nihil unquam
per vim,

Clodius n'*a* rien *fait* jamais
par la violence,

Milo omnia per vim.

Milon *a fait* tout par la violence.

Quid ergo, judices?

Quoi donc, juges?

quum cessi urbe,
vobis mœrentibus,
timuine judicium?

lorsque je suis sorti de la ville,
vous étant-dans-l'affliction,
est-ce que j'ai craint un jugement?

non servos,

ne *craignais-je* pas les esclaves,

servos, non arma, non vim? Quæ fuisset igitur causa resti-
tuendi mei, nisi fuisset injusta ejiciendi? Diem mihi, credo,
dixerat : multam irrogarat : actionem perduellionis intenderat :
et mihi videlicet, in causa aut mala, aut mea, non et præcla-
rissima, et vestra, judicium timendum fuit[1]. Servorum, et egen-
tium civium, et facinorosorum armis meos cives, meis consiliis
periculisque servatos, pro me objici nolui.

Vidi enim, vidi hunc ipsum Q. Hortensium, lumen et orna-
mentum reipublicæ, pæne interfici servorum manu, quum
mihi adesset : qua in turba C. Vibienus, senator, vir optimus,
cum hoc quum esset una, ita est mulcatus, ut vitam amiserit.
Itaque, quando illius postea sica illa, quam a Catilina acce-
perat, conquievit? Hæc intentata nobis est; huic ego vos objici
pro me non sum passus : hæc insidiata Pompeio est : hæc

violence? Quel aurait été le motif de mon rappel, si mon bannissement n'avait pas été une violation de toutes les lois? Clodius m'avait-
il cité en justice? avait-il intenté contre moi une action judiciaire?
m'avait-il accusé d'un crime d'État? en un mot, ma cause était-elle
mauvaise, ou n'intéressait-elle que moi? Juges, ma cause était ex-
cellente; c'était la vôtre plus que la mienne; mais, après avoir sauvé
mes concitoyens au risque de ma vie, je ne voulus pas qu'ils fussent
à leur tour exposés pour moi aux fureurs d'une troupe d'esclaves et
d'hommes chargés de dettes et de crimes.

En effet, j'ai vu Q. Hortensius, un de nos juges, oui, Hortensius lui-même, la gloire et l'ornement de la république, je l'ai vu
près de périr sous les coups d'une troupe d'esclaves, parce qu'il sou-
tenait ma cause. Un sénateur respectable, C. Vibiénus, qui l'accompagnait, fut maltraité au point qu'il en a perdu la vie. Et, depuis
cette époque, le poignard de Catilina s'est-il un instant reposé dans
les mains de Clodius? C'est ce même poignard qu'on a levé sur moi,
et qui vous aurait frappés, si j'avais souffert que vous eussiez été
exposés à cause de moi ; c'est lui qui a menacé les jours de Pompée,

non arma,	ne *craignais-je* pas les armes,
non vim?	ne *craignais-je* pas la violence?
Quæ causa fuisset igitur	Quel motif aurait donc été
mei restituendi,	de me réintégrer,
nisi fuisset injusta	s'il n'y avait eu un *motif* injuste
ejiciendi?	de *m*'expulser?
Mihi dixerat diem, credo :	Il m'avait assigné un jour, je crois :
irrogarat multam :	il *m*'avait imposé une amende :
intenderat actionem	il *m*'avait intenté une action
perduellionis :	de crime-de-haute-trahison :
et videlicet judicium	et sans-doute le jugement
fuit timendum mihi	a été à-craindre pour moi
in causa aut mala,	dans une cause ou mauvaise,
aut mea,	ou mienne,
non et præclarissima,	non pas et très glorieuse,
et vestra.	et vôtre.
Nolui meos cives,	Je n'ai pas voulu mes concitoyens,
servatos meis consiliis	sauvés par ma prudence
periculisque,	et *mes* dangers,
objici pro me	s'exposer pour moi
armis servorum,	aux armes d'esclaves,
et civium egentium,	et de citoyens indigents,
et facinorosum.	et de scélérats.
Vidi enim, vidi	J'ai vu en effet, j'ai vu
hunc Q. Hortensium	ce Q. Hortensius
ipsum,	lui-même,
lumen et ornamentum	la lumière et l'ornement
reipublicæ,	de la république,
pæne interfici	être presque tué
manu servorum,	par la main des esclaves,
quum mihi adesset :	tandis qu'il me secourait :
in qua turba	dans lequel tumulte
C. Vibienus, senator,	C. Vibiénus, sénateur
vir optimus,	homme très vertueux,
quum esset una cum hoc,	comme il était ensemble avec celui-ci,
est mulcatus ita,	fut maltraité tellement,
ut amiserit vitam.	qu'il perdit la vie.
Itaque, quando postea	Aussi, quand après-cela
illa sica illius,	ce poignard de ce *scélérat*,
quam acceperat	qu'il avait reçu
a Catilina,	de Catilina,
conquievit?	s'est-il reposé ?
Hæc est intentata nobis ;	*C'est* ce *poignard qui* fut dirigé contre nous:
huic ego non sum passus	*c'est* à ce *poignard que* je n'ai pas souffert
vos objici pro me :	vous être exposés pour moi :
hæc est insidiata	*c'est* ce *poignard qui* prépara-des-embûches
Pompeio :	à Pompée :

istam Appiam, monumentum sui nominis, nece Papirii cruentavit : hæc, hæc eadem, longo intervallo, conversa rursus est in me; nuper quidem, ut scitis, me ad regiam ' pæne confecit.

Quid simile Milonis? cujus vis omnis hæc semper fuit, ne P. Clodius, quum in judicium detrahi non posset, vi oppressam civitatem teneret. Quem si interficere voluisset, quantæ, quoties, occasiones, quam præclaræ fuerunt! Potuitne, quum domum ac deos penates suos, illo oppugnante, defenderet, jure se ulcisci? potuitne, cive egregio et viro fortissimo, P. Sextio, collega suo, vulnerato[2]? potuitne, Q. Fabricio, viro optimo, quum de reditu meo legem ferret, pulso, crudelissima in foro cæde facta? potuitne, L. Cæcilii, justissimi fortissimique prætoris, oppugnata domo? potuitne illo die, quum est lata lex de

et ensanglanté par le meurtre de Papirius cette voie Appia, monument des ancêtres de Clodius ; c'est lui encore que, longtemps après, on a retourné contre moi : vous le savez, tout récemment, j'ai failli en être percé auprès du palais de Numa.

Quoi de semblable dans Milon? S'il a jamais usé de la force, c'était pour empêcher que Clodius, qu'il ne pouvait réprimer par les voies juridiques, ne tînt Rome dans l'oppression. S'il avait cherché à le tuer, combien de fois en a-t-il eu les occasions les plus favorables et les plus glorieuses? Je vous le demande, ne pouvait-il pas en tirer une juste vengeance, lorsqu'il défendait sa maison et ses dieux pénates attaqués par ce furieux? lorsque P. Sextius, son collègue, eut été blessé? lorsque Q. Fabricius, proposant une loi pour mon rappel, fut repoussé du forum inondé du sang des citoyens? lorsque le préteur L. Cécilius fut assiégé chez lui? Ne le pouvait-il pas, au moment où fut portée la loi qui ordonnait mon

hæc cruentavit	*c'est* ce *poignard qui* ensanglanta
nece Papirii	du meurtre de Papirius
istam Appiam,	cette *voie* Appienne,
monumentum sui nominis :	monument de son nom :
hæc, hæc eadem	*c'est* ce *poignard*, ce même *poignard*
est conversa	*qui* fut tourné
rursus in me,	de nouveau contre moi,
longo intervallo ;	après un long intervalle ;
nuper quidem, ut scitis,	et dernièrement, comme vous *le* savez,
me pæne confecit	il m'a presque achevé
ad regiam.	près du palais *de Numa.*
Quid simile Milonis ?	Quoi *de* semblable de Milon ?
cujus omnis vis	dont toute la violence
semper fuit hæc,	a toujours été celle-ci,
ne P. Clodius,	que P. Clodius,
quum non posset detrahi	puisqu'il ne pouvait pas être traîné
in judicium,	en jugement,
teneret civitatem	*ne* tînt pas l'État
oppressam vi.	opprimé par la violence.
Quem si voluisset	Lequel (Clodius) s'il avait voulu
interficere,	faire-périr,
quantæ occasiones,	quelles-belles occasions,
quoties,	combien de fois,
quam præclaræ fuerunt !	combien glorieuses ont été *à lui !*
Potuitne,	*N'*a-t-il *pas* pu,
quum defenderet,	alors qu'il défendait,
illo oppugnante,	celui-là (Clodius) *les* assiégeant,
domum	*sa* maison
ac suos deos penates,	et ses dieux pénates,
se ulcisci jure ?	se venger avec droit ?
potuitne,	*ne l'*a-t-il *pas* pu,
cive egregio	un citoyen très vertueux
et viro fortissimo,	et un homme très courageux,
P. Sextio, suo collega,	P. Sextius, son collègue,
vulnerato ?	ayant été blessé ?
potuitne, Q. Fabricio,	*ne l'*a-t-il *pas* pu, Q. Fabricius
viro optimo, pulso,	homme très estimable, ayant été chassé
quum ferret legem	alors qu'il proposait une loi
de meo reditu,	touchant mon retour,
cæde crudelissima	un massacre très cruel
facta in foro ?	ayant été fait dans le forum ?
potuitne,	*ne l'*a-t-il *pas* pu,
domo L. Cæcilii,	la maison de L. Cécilius,
prætoris justissimi	préteur très juste
fortissimique,	et très courageux,
oppugnata ?	ayant été assiégée ?
potuitne illo die,	*ne l'*a-t-il *pas* pu dans ce jour,

me? quum totius Italiæ concursus, quem mea salus concitarat, facti illius gloriam libens agnovisset; ut, etiam si id Milo fecisset, cuncta civitas eam laudem pro sua vindicaret?

XV. Atqui erat id temporis clarissimus et fortissimus consul, inimicus Clodio, P. Lentulus [1], ultor sceleris illius, propugnator senatus, defensor vestræ voluntatis, patronus illius publici consensus, restitutor salutis meæ; septem prætores [2], octo tribuni plebis [3], illius adversarii, defensores mei; Cn. Pompeius auctor et dux mei reditus, illius hostis; cujus sententiam senatus omnis de salute mea gravissimam et ornatissimam secutus est; qui populum romanum cohortatus est; qui, quum de me decretum Capuæ fecit [4], ipse cunctæ Italiæ cupienti, et ejus fidem imploranti, signum dedit, ut ad me restituendum Romam concurrerent. Omnia tum denique in illum odia civium ardebant desi-

retour, lorsque toute l'Italie, attirée à Rome par l'intérêt de ma conservation, se serait empressée d'avouer cette grande action? Oui, si Milon l'avait faite, la république entière en aurait revendiqué la gloire.

XV. Nous avions alors un consul, ennemi de Clodius, P. Lentulus, mon vengeur, dont le noble courage a constamment défendu le sénat, soutenu vos décrets, maintenu le vœu général, et par qui je me suis vu rétabli dans tous mes droits. Sept préteurs, huit tribuns, s'étaient prononcés pour moi contre ce factieux. Pompée, qui a préparé et conduit ce grand événement, était en guerre avec lui; son avis, conçu dans les termes les plus énergiques et les plus honorables, fut adopté par le sénat tout entier; il exhorta le peuple romain en ma faveur, et par un décret rendu à Capoue, comblant le désir de l'Italie entière, il donna partout le signal de se rassembler à Rome pour m'y rétablir. En un mot, le regret de mon absence allu-

quum lex est lata	lorsqu'une loi fut proposée
de me?	au sujet de moi?
quum concursus	lorsque le concours
totius Italiæ,	de toute l'Italie,
quem mea salus concitarat,	que mon salut avait soulevé,
agnovisset libens	aurait avoué volontiers
gloriam illius facti ;	la gloire de cette action ;
ut, etiam si Milo	de-sorte-que, même si Milon
fecisset id,	avait fait cela,
civitas cuncta	la cité tout entière
vindicaret eam laudem	aurait revendiqué cette gloire
pro sua?	pour sienne?
XV. Atqui erat	XV. Or était (il y avait)
id temporis	dans ce temps
consul clarissimus	un consul très illustre
et fortissimus,	et très courageux,
inimicus Clodio,	ennemi de Clodius,
P. Lentulus,	P. Lentulus,
ultor sceleris illius,	vengeur de la scélératesse de cet *homme*,
propugnator senatus,	champion du sénat,
defensor vestræ voluntatis,	défenseur de votre volonté,
patronus	protecteur
illius consensus publici,	de cet assentiment public,
restitutor meæ salutis ;	restaurateur de mon salut ;
septem prætores;	sept préteurs;
octo tribuni plebis,	huit tribuns du peuple,
adversarii illius,	adversaires de celui-là (de Clodius),
mei defensores;	mes défenseurs ;
Cn. Pompeius auctor	Cn. Pompée promoteur
et dux mei reditus,	et guide de mon retour,
hostis illius ;	ennemi de celui-là (de Clodius);
cujus omnis senatus	duquel tout le sénat
est secutus sententiam	suivit l'avis
gravissimam	très énergique
et ornatissimam	et très bien-exposé
de mea salute ;	touchant mon salut;
qui est cohortatus	qui exhorta
populum romanum;	le peuple romain;
qui, quum fecit Capuæ	qui, alors qu'il fit à Capoue
decretum de me,	un décret sur moi,
ipse dedit signum	lui-même donna le signal
cunctæ Italiæ cupienti,	à toute l'Italie qui *le* désirait,
et imploranti fidem ejus,	et qui implorait la foi de lui,
ut concurrerent Romam	que l'on accourût à Rome
ad me restituendum.	pour me réintégrer.
Tum denique	Alors enfin
desiderio mei	par le regret de moi

derio mei : quem si qui tum interemisset, non de impunitate ejus, sed de præmiis cogitaretur.

Tamen se Milo continuit, et P. Clodium ad judicium bis, ad vim nunquam vocavit. Quid? privato Milone, et reo ad populum, accusante P. Clodio, quum in Cn. Pompeium pro Milone dicentem impetus factus est[1]; quæ tum non modo occasio, sed etiam causa illius opprimendi fuit? Nuper vero quum M. Antonius[2] summam spem salutis bonis omnibus attulisset, gravissimamque adolescens nobilissimus reipublicæ partem fortissime suscepisset, atque illam belluam, judicii laqueos declinantem, jam irretitam teneret; qui locus, quod tempus illud, dii immortales! fuit? quum se ille fugiens in scalarum tenebras abdidisset, magnum Miloni fuit conficere illam pestem, nulla sua invidia, Antonii vero maxima gloria? Quid? comitiis in campo quoties

mait contre Clodius la haine de tous les citoyens : si dans ce moment quelqu'un lui eût ôté la vie, on n'aurait point parlé de l'absoudre : on n'eût songé qu'à lui décerner des récompenses.

Milon cependant s'est contenu : il l'a cité deux fois devant les tribunaux; jamais il ne l'a provoqué au combat. Et quand, après son tribunat, il fut accusé par Clodius devant le peuple, et que Pompée, qui parlait pour lui, fut assailli par les factieux, quelle occasion, je dis plus, quel juste sujet n'avait-il pas de le faire périr? Dans ces derniers temps même, lorsque, ranimant l'espoir de tous les gens de bien, Antoine, ce jeune citoyen de la plus illustre naissance, eut pris avec courage la défense de la république, et que déjà il tenait enlacé ce monstre qui se débattait pour échapper à la sévérité des tribunaux, dieux immortels! quel lieu, quel moment! Quand le lâche se fut caché sous un escalier obscur, qu'en eût-il coûté à Milon de l'exterminer, sans que personne en murmurât, et en comblant Antoine d'une gloire éclatante? Combien de fois a-t-il pu le faire

omnia odia civium
ardebant in illum :
quem si qui
interemisset tum,
non cogitaretur
de impunitate ejus,
sed de præmiis.

Tamen Milo se continuit,
et vocavit bis P. Clodium
ad judicium,
nunquam ad vim.
Quid? Milone privato,
et reo ad populum,
P. Clodio accusante,
quum impetus est factus
in Cn. Pompeium
dicentem pro Milone;
non modo quæ occasio,
sed etiam causa
fuit tum
illius opprimendi?
Nuper vero
quum M. Antonius
attulisset
summam spem salutis
omnibus bonis,
nobilissimusque adolescens
suscepisset fortissime
partem gravissimam
reipublicæ,
atque teneret jam irretitam
illam belluam,
declinantem laqueos
judicii;
qui locus,
quod tempus fuit illud?
dii immortales!
quum ille fugiens
se abdidisset
in tenebras scalarum,
fuit magnum Miloni
conficere illam pestem,
nulla invidia
sua,
maxima vero gloria
Antonii?
Quid? quoties

toutes les haines des citoyens
étaient enflammées contre lui :
lequel si quelqu'un
avait tué alors,
on n'aurait pas songé
à l'impunité de lui,
mais aux récompenses *à lui donner.*

Cependant Milon se contint,
et il appela deux fois P. Clodius
à un jugement,
jamais à la violence.
Quoi? Milon *étant* simple-particulier,
et *étant* accusé devant le peuple,
P. Clodius étant-l'accusateur,
lorsqu'une irruption fut faite
sur Cn. Pompée
parlant pour Milon ;
non seulement quelle occasion,
mais encore *quelle* raison
ne fut *pas* alors
de l'écraser?
Mais récemment,
lorsque M. Antonius
avait apporté
le plus grand espoir de salut
à tous les bons *citoyens,*
et que ce très noble jeune homme
avait pris *sur lui* très courageusement
une part très lourde
de la république,
et qu'il tenait déjà enlacée
cette bête-féroce,
qui-fuyait les lacs
d'un jugement;
quel lieu *favorable,*
quel temps *propice* fut celui-là?
dieux immortels!
lorsque celui-là fuyant
se fut caché
dans l'obscurité d'un escalier,
était-il difficile pour Milon
d'exterminer ce fléau,
aucune haine
n'étant sienne (ne s'attachant à lui)
mais avec la plus grande gloire
d'Antoine?
Eh! combien de fois

potestas fuit? quum ille vi in septa irrupisset, gladios destrin-
gendos, lapides jaciendos curasset, deinde subito, vultu Milonis
perterritus, fugeret ad Tiberim, vos et omnes boni vota faceretis, ut Miloni uti virtute sua liberet?

XVI. Quem igitur cum omnium gratia noluit, hunc voluit
cum aliquorum querela? quem jure, quem loco, quem tempore,
quem impune non est ausus; hunc injuria, iniquo loco, alieno
tempore, periculo capitis, non dubitavit occidere? Præsertim,
judices, quum honoris amplissimi contentio et dies comitiorum
subesset : quo quidem tempore (scio enim quam timida sit am-
bitio, quantaque et quam sollicita sit cupiditas consulatus) omnia non modo, quæ reprehendi palam, sed etiam quæ obscure
cogitari possunt, timemus; rumorem, fabulam falsam, fictam,

aux comices du champ de Mars, ce jour surtout où Clodius avait
forcé les barrières, à la tête d'une troupe armée d'épées et de pierres
et que tout à coup, effrayé à l'aspect de Milon, il s'enfuit vers le
Tibre, pendant que tous les honnêtes gens avec vous formaient des
vœux pour qu'il plût à celui-ci de se servir de son courage!

XVI. Et cet homme qu'il a tant de fois épargné, lorsque sa mort
aurait satisfait tous les citoyens, il a voulu l'assassiner dans un
temps où il ne l'a pu faire sans déplaire à quelques personnes! Il
n'a pas osé le tuer quand il en avait le droit, quand le lieu et le
temps étaient favorables, quand il était assuré de l'impunité; et il
n'a pas craint de le faire, en violant les lois, dans un lieu, dans un
temps défavorables, et au péril de sa vie! et cela, citoyens, à la
veille des comices, au moment de demander la première dignité de
l'État, dans une circonstance où nous redoutons non-seulement les
reproches publics, mais les pensées même les plus secrètes. Je sais
combien sont timides ceux qui sollicitent vos suffrages; je sais quels
sont alors et l'ardeur du désir et le tourment de l'inquiétude : un

potestas fuit	le pouvoir *de le tuer ne* fut-il *pas à Milon*
comitiis in campo ?	aux comices dans le champ *de Mars ?*
quum ille irrupisset	lorsque celui-là avait fait-invasion
in septa,	dans les enceintes,
curasset	qu'il avait pris-soin
gladios destringendos,	d'épées devant être tirées,
lapides jaciendos,	de pierres devant être jetées,
deinde subito,	qu'ensuite tout à coup,
perterritus vultu Milonis,	épouvanté par le visage de Milon,
fugeret ad Tiberim,	il fuyait vers le Tibre,
vos et omnes boni	que vous et tous les bons *citoyens*
faceretis vota,	vous faisiez des vœux,
ut liberet Miloni	pour qu'il plût à Milon
uti sua virtute.	d'user de son courage.
XVI. Quem igitur	XVI. Ainsi donc celui que
noluit	il n'a pas voulu *tuer*
cum gratia omnium,	avec l'approbation de tous,
voluit hunc	il a voulu le *tuer*
cum querela aliquorum ?	avec la plainte de quelques uns ?
quem non est ausus jure,	celui qu'il n'a pas osé *tuer* avec droit,
quem	qu'*il n'a pas osé tuer*
loco,	dans un lieu *favorable,*
quem	qu'*il n'a pas osé tuer*
tempore,	dans un temps *propice,*
quem impune ;	qu'*il n'a pas osé tuer* impunément ;
non dubitavit occidere hunc	il n'a pas hésité à tuer cet *homme*
injuria,	avec injustice,
loco iniquo,	dans un lieu désavantageux,
tempore alieno,	dans une circonstance défavorable,
periculo capitis ?	au péril de *sa* tête ?
Præsertim, judices,	Surtout, juges,
quum contentio	alors que la lutte
honoris amplissimi	pour l'honneur le plus considérable
et dies comitiorum	et le jour des comices
subesset :	était-proche :
quo quidem tempore	dans lequel temps assurément
(scio enim	(je sais en effet
quam sit timida ambitio,	combien est timide l'ambition ,
quantaque	et combien grand
et quam sollicita	et combien inquiet
sit cupiditas consulatus)	est le désir du consulat)
timemus omnia,	nous craignons toutes choses ,
non modo quæ possunt	non-seulement *celles* qui peuvent
reprehendi palam ,	être blâmées publiquement,
sed etiam quæ possunt	mais encore *celles* qui peuvent
cogitari obscure ;	être pensées secrètement ;
perhorrescimus rumorem ,	nous avons-frayeur d'un bruit,

levem perhorrescimus; ora omnium atque oculos intuemur.
Nihil enim est tam molle, tam tenerum, tam aut fragile, aut
flexibile, quam voluntas erga nos sensusque civium; qui non
modo improbitati irascuntur candidatorum, sed etiam in recte
factis sæpe fastidiunt.

Hunc diem igitur campi speratum atque exoptatum sibi pro-
ponens Milo, cruentis manibus scelus et facinus præ se ferens
et confitens, ad illa augusta centuriarum auspicia veniebat?
Quam hoc non credibile in hoc! quam idem in Clodio non dubitandum, qui se, interfecto Milone, regnaturum putaret! Quid?
quod caput audaciæ est, judices, quis ignorat, maximam ille-
cebram esse peccandi impunitatis spem? In utro igitur hæc
fuit? in Milone? qui etiam nunc reus est facti, aut præclari,
aut certe necessarii : an in Clodio? qui ita judicia pœnamque

bruit populaire, une fable dénuée de fondement, inventée à plaisir,
indifférente, nous remplissent d'alarmes. Nous étudions tous les vi-
sages; nous lisons dans tous les yeux. En effet, rien n'est si délicat,
si léger, si frêle et si mobile que l'opinion et la bienveillance des
citoyens : non-seulement ils s'irritent contre les vices d'un candidat,
mais souvent même le bien qu'il a fait n'excite que leur dédain

Ainsi Milon, se proposant ce jour des comices, l'objet de ses dé-
sirs et de ses espérances, venait se présenter à l'auguste assemblée
des centuries, les mains encore fumantes du sang d'un citoyen dont
il s'avouait l'assassin? Cet excès d'impudence est incroyable dans
Milon : mais on devait l'attendre de Clodius, qui se flattait de régner
dès que Milon aurait cessé de vivre. J'ajoute une réflexion. Vous
savez tous que l'espoir de l'impunité est le plus grand attrait du
crime. Or, lequel des deux a compté sur cette impunité? Milon,
qui dans ce moment se voit accusé pour une action glorieuse, du
moins nécessaire? ou Clodius, qui avait conçu un tel mépris pour

fabulam falsam,	d'un récit faux,
fictam, levem;	imaginé, futile;
intuemur ora	nous contemplons les visages
atque oculos omnium.	et les yeux de tous.
Nihil enim est tam molle,	Rien en effet n'est si souple,
tam tenerum,	si délicat,
tam aut fragile,	si ou fragile,
aut flexibile,	ou flexible,
quam voluntas erga nos	que la bienveillance envers nous
sensusque civium;	et les sentiments des citoyens;
qui non modo irascuntur	eux qui non seulement s'irritent
improbitati candidatorum,	contre la perversité des candidats,
sed sæpe etiam fastidiunt	mais souvent même sont-dédaigneux
in factis recte.	au sujet de choses faites honorablement.
Milo igitur	Ainsi Milon
sibi proponens	se posant-pour-but
hunc diem campi	ce jour du champ *de Mars*
speratum atque exoptatum,	espéré et souhaité,
ferens præ se	portant devant lui
manibus cruentis	de *ses* mains ensanglantées
et confitens scelus	et avouant un crime
et facinus,	et un attentat,
veniebat	venait
ad illa augusta auspicia	à ces augustes auspices
centuriarum?	des centuries?
Quam hoc non credibile	Combien ce *fait* n'est pas croyable
in hoc!	dans cet *homme!*
quam idem	combien le même *fait*
non dubitandum	n'*est* pas à-mettre-en-doute
in Clodio,	dans Clodius,
qui putaret se regnaturum,	qui pensait lui devoir régner,
Milone interfecto!	Milon *une fois* tué!
Quid? judices,	*Mais* quoi? juges,
quod est caput audaciæ,	ce qui est la tête (le fond) de l'audace,
quis ignorat	qui ignore
spem impunitatis	l'espoir de l'impunité
esse maximam illecebram	être le plus grand attrait
peccandi?	de commettre-un-crime?
In utro	Dans lequel des deux
hæc igitur fuit?	cet *espoir* a-t-il donc été?
in Milone?	dans Milon?
qui nunc etiam	*lui* qui maintenant même
est reus facti,	est accusé pour une action,
aut præclari,	ou glorieuse,
aut certe necessarii:	ou au moins nécessaire:
an in Clodio?	ou bien dans Clodius?
qui contemserat ita	qui avait méprisé tellement

contemserat, ut eum nihil delectaret, quod aut per naturam fas esset, aut per leges liceret.

Sed quid ego argumentor? quid plura disputo? Te, Q. Petilli, appello, optimum et fortissimum civem; te, M. Cato, testor; quos mihi divina quædam sors dedit judices. Vos ex M. Favonio audistis, Clodium sibi dixisse, et audistis, vivo Clodio, periturum Milonem triduo. Post diem tertium gesta res est, quam dixerat. Quum ille non dubitaret aperire, quid cogitaret, vos potestis dubitare, quid fecerit?

XVII. Quemadmodum igitur eum dies non fefellit? Dixi equidem modo. Dictatoris Lanuvini stata sacrificia ¹ nosse negotii nihil erat. Vidit necesse esse Miloni proficisci Lanuvium illo ipso, quo profectus est, die. Itaque antevertit. At quo die? quo, ut ante dixi, insanissima concio ab ipsius mercenario tribuno

les tribunaux et les peines qu'ils infligent, que rien de ce qui est avoué par la nature ou permis par les lois ne pouvait lui plaire?

Mais qu'est-il besoin de tant de raisonnements? pourquoi toutes ces discussions? Q. Pétillius, et vous, Caton, que le sort ou plutôt la Providence nous a nommés pour juges, j'invoque ici votre témoignage. M. Favonius vous a dit à tous deux, et il l'a dit du vivant de Clodius, qu'il avait entendu de la bouche de ce furieux que Milon périrait dans trois jours; et le troisième jour le combat a eu lieu. Pouvez-vous douter de ce qu'il a fait, quand lui-même ne balançait pas à publier ce qu'il projetait de faire?

XVII. Comment donc a-t-il si bien choisi le jour? Je l'ai déjà dit. Rien de plus aisé que de connaître les époques fixées pour les sacrifices du dictateur de Lanuvium. Il vit que Milon était obligé d'aller à Lanuvium le jour qu'il partit en effet pour s'y rendre; il prit les devants. Eh! quel jour? celui où le tribun qu'il tenait à ses gages échauffa de ses fureurs l'assemblée la plus sédi-

judicia pœnamque,
nt nihil delectaret eum,
quod aut esset fas
per naturam,
aut liceret per leges.
  Sed quid
ego argumentor?
quid disputo plura?
Appello te, Q. Petilli,
civem optimum
et fortissimum;
te testor, M. Cato;
quos quædam sors divina
mihi dedit judices.
Vos audistis
ex M. Favonio,
et audistis,
Clodio vivo,
Clodium dixisse sibi,
Milonem periturum triduo.
Res est gesta
post tertium diem,
quam dixerat.
Quum ille non dubitaret
aperire, quid cogitaret,
vos potestis dubitare
quid fecerit?
  XVII. Quemadmodum igitur
dies non eum fefellit?
Dixi equidem modo.
Erat nihil negotii
nosse sacrificia stata
dictatoris Lanuvini.
Vidit esse necesse Miloni
proficisci Lanuvium
illo die ipso,
quo est profectus.
Itaque antevertit.
At quo die?
quo,
ut dixi ante,
concio insanissima
est concitata
a tribuno plebis
mercenario ipsius:
quem diem,

les jugements et le châtiment
que rien ne plaisait à lui,
ou qui fût légitime
selon la nature,
ou *qui* fût-permis selon les lois.
  Mais pourquoi
raisonné-je?
pourquoi discuté-je davantage?
J'en appelle à toi, Q. Pétillius,
à toi citoyen très vertueux
et très-courageux;
je te prends-à-témoin, M. Caton;
vous qu'une sorte de hasard divin
m'a donnés pour juges.
Vous avez entendu
de M. Favonius,
et vous *l*'avez entendu,
Clodius *étant* vivant,
Clodius avoir dit à lui,
Milon devoir périr dans-trois-jours.
La chose a été faite   [près)
après le troisième jour (le troisième jour a-
qu'il *l*'avait dit.
Lorsqu'il n'hésitait pas
à découvrir ce qu'il méditait,
pouvez-vous douter
de ce qu'il a fait?
  XVII. Comment donc
le jour ne l'a-t-il pas trompé?
Je *l*'ai dit certes tout à l'heure.
Ce n'était rien de difficile
de connaître les sacrifices fixés
du dictateur de-Lanuvium.
Il a vu être nécessaire à Milon
de partir pour Lanuvium
ce jour-là même,
dans lequel il partit.
Aussi il prend-les-devants.
Mais quel jour?
le jour dans lequel,
comme je *l*'ai dit précédemment,
une assemblée très-insensée
fut soulevée
par un tribun du peuple
mercenaire de lui-même (salarié par lui):
lequel jour,

plebis [1] est concitata ; quem diem ille, quam concionem, quos clamores, nisi ad cogitatum facinus approperaret, nunquam reliquisset. Ergo illi ne causa quidem itineris, etiam causa manendi : Miloni manendi nulla facultas; exeundi non causa solum, sed etiam necessitas fuit.

Quid? si, ut ille scivit Milonem fore eo die in via, sic Clodium Milo ne suspicari quidem potuit? Primum quæro, qui scire potuerit; quod vos idem in Clodio quærere non potestis. Ut enim neminem alium, nisi T. Patinam, familiarissimum suum, rogasset, scire potuit, illo ipso die Lanuvii a dictatore Milone prodi flaminem necesse esse. Sed erant permulti alii, ex quibus id facillime scire posset ; omnes scilicet Lanuvini. Milo de Clodii reditu unde quæsivit? Quæsierit sane; videte, quid vobis largiar : servum etiam, ut Arrius, meus amicus [2], dixit, corruperit. Legite testimonia testium vestrorum. Dixit C. Cassi-

tieuse. Jamais il n'aurait manqué ni ce jour, ni cette assemblée, ni ces clameurs, s'il ne s'était hâté pour consommer le crime qu'il méditait. Ainsi rien n'obligeait Clodius à quitter Rome; au contraire, il avait des motifs pour y rester. Milon n'en était pas le maître; le devoir, la nécessité même, lui commandaient de partir.

Mais si Clodius a su que Milon serait en route ce jour-là, Milon a-t-il pu même soupçonner qu'il rencontrerait Clodius? D'abord je demande comment il l'aurait pu savoir. C'est ce que vous ne pouvez demander à l'égard de Clodius ; car n'eût-il interrogé que T. Patina, son intime ami, il a pu savoir que ce jour même Milon, en sa qualité de dictateur, était dans l'obligation de nommer un flamine à Lanuvium. Il pouvait le savoir d'une infinité d'autres; par exemple, de tous ceux de Lanuvium. Mais par qui Milon a-t-il pu être informé du retour de Clodius? Je veux qu'il ait cherché à s'en instruire; je vais plus loin, je vous accorde qu'il ait corrompu un esclave, comme l'a dit mon ami Arrius. Lisez les dépositions de vos témoins. C. Cas-

quam concionem,
laquelle assemblée,

quos clamores
lesquelles clameurs

ille nunquam reliquisset,
il n'aurait jamais abandonnés,

nisi approperaret
s'il ne s'était hâté

ad facinus cogitatum.
pour *accomplir* un crime médité.

Ergo illi
Donc *il n'y avait* pour lui

ne causa quidem itineris,
pas même un motif de voyage,

etiam causa manendi :
et-qui-plus-est un motif de rester :

Miloni
pour Milon

nulla facultas manendi ;
aucune possibilité de rester ;

non solum fuit
non seulement il y eut (avait) *pour lui*

causa exeundi ,
un motif de sortir-de *Rome*,

sed etiam necessitas.
mais même une nécessité.

Quid? si,
Que *sera-ce?* si,

ut ille scivit
de même que celui-là (Clodius) a su

Milonem fore in via
Milon devoir être sur la route

eo die, sic Milo
ce jour-là, de même Milon

ne potuit quidem suspicari
n'a pas même pu soupçonner

Clodium?
Clodius *devoir y être?*

Primum quæro,
D'abord je recherche,

qui potuerit scire ;
comment il aurait pu *le* savoir ;

quod idem
laquelle même chose

vos non potestis quærere
vous ne pouvez pas rechercher

in Clodio.
au sujet de Clodius.

Ut enim rogasset
Car supposé qu'il n'eût interrogé

neminem alium,
personne autre,

nisi T. Patinam,
sinon T. Patina,

suum familiarissimum,
son très-intime-ami,

potuit scire, esse necesse
il a pu savoir, être nécessaire

illo die ipso
ce jour-là même

flaminem prodi Lanuvii
un flamine être nommé à Lanuvium

a dictatore Milone.
par le dictateur Milon.

Sed permulti alii erant,
Mais beaucoup d'autres étaient,

ex quibus posset scire id
desquels il pouvait savoir cela

facillime ;
très facilement ;

scilicet omnes Lanuvini.
à savoir tous ceux de-Lanuvium.

Unde Milo quæsivit
D'où Milon a-t-il-tiré-des-informations

de reditu Clodii ?
touchant le retour de Clodius ?

Quæsierit
Qu'il ait-pris-des-informations

sane ; videte,
soit ; voyez,

quid vobis largiar :
ce que je vous accorde :

corruperit etiam servum,
qu'il ait même corrompu un esclave,

ut dixit Arrius,
comme *l'*a dit Arrius,

meus amicus.
mon ami.

Legite testimonia
Lisez les dépositions

vestrorum testium.
de vos témoins.

C. Cassinius,
C. Cassinius,

nius, cognomento Scola, Interamnas, familiarissimus et idem comes P. Clodii, cujus jampridem testimonio Clodius eadem hora Interamnæ fuerat et Romæ[1], P. Clodium illo die in Albano mansurum fuisse; sed subito ei esse nuntiatum, Cyrum architectum esse mortuum : itaque Romam repente constituisse proficisci. Dixit hoc comes item P. Clodii, C. Clodius.

XVIII. Videte, judices, quantæ res his testimoniis sint confectæ. Primum certe liberatur Milo, non eo consilio profectus esse, ut insidiaretur in via Clodio; quippe qui ei obvius futurus omnino non erat. Deinde (non enim video, cur non meum quoque agam negotium) scitis, judices, fuisse, qui in hac rogatione suadenda dicerent, Milonis manú cædem esse factam, consilio vero majoris alicujus. Videlicet me latronem ac sicarium abjecti homines et perditi describebant. Jacent suis testibus ii,

sinius Scola, d'Intéramne, intime ami de Clodius, et qui l'accompagnait dans ce voyage, Cassinius, d'après le témoignage duquel Clodius s'était trouvé autrefois à Intéramne et à Rome à la même heure, dépose que Clodius devait rester le jour entier à sa maison d'Albe, mais qu'on lui annonça la mort de l'architecte Cyrus, et qu'il se détermina tout à coup à revenir à Rome. C. Clodius, qui était aussi du voyage, est d'accord avec lui.

XVIII. Voyez, juges, tout ce qui résulte de ces témoignages. D'abord, on ne peut plus imputer à Milon d'être sorti de Rome pour attendre Clodius sur la route, puisqu'il ne devait absolument pas le rencontrer. En second lieu (car pourquoi négligerais-je ici ma cause personnelle?) vous savez que lorsqu'on délibérait sur cette commission, quelques gens osèrent dire que le meurtre avait été commis par Milon, mais conseillé par un personnage plus important. C'était moi que ces hommes vils et pervers signalaient comme un brigand et un

cognomento Scola,   *appelé* par surnom Scola,
Interamnas,   d'-Intéramne,
familiarissimus   très-ami
et idem comes P. Clodii,   et le même compagnon de P. Clodius,
testimonio cujus   d'après le témoignage duquel
jampridem   il-y-a-déjà-longtemps
Clodius fuerat eadem hora   Clodius avait été à la même heure
Interamnæ et Romæ,   à Intéramne et à Rome,
dixit P. Clodium   a dit P. Clodius
fuisse mansurum illo die   avoir dû rester ce jour-là
in Albano;   dans *sa campagne* d'-Albe;
sed esse nuntiatum ei   mais avoir été annoncé à lui
subito,   subitement,
Cyrum architectum   Cyrus l'architecte
esse mortuum :   être mort :
itaque constituisse repente   et ainsi *lui* avoir résolu tout à coup
proficisci Romam.   de partir pour Rome.
C. Clodius,   C. Clodius,
item comes P. Clodii,   pareillement compagnon de P. Clodius
dixit hoc.   a dit cela.

XVIII. Videte, judices,   XVIII. Voyez, juges,
quantæ res sint confectæ   quels faits importants sont établis
his testimoniis.   par ces témoignages.
Primum certe   D'abord assurément
Milo liberatur,   Milon est absous, *étant reconnu*
non esse profectus   ne pas être parti
eo consilio,   dans ce dessein,
ut insidiaretur Clodio   qu'il tendît-des-embûches à Clodius
in via :   sur la route;
quippe qui omnino non erat   *lui* qui assurément n'était pas du tout
futurus obvius ei.   devant être à-la-rencontre de lui.
Deinde (non enim video,   Ensuite (car je ne vois pas
cur non-agam quoque   pourquoi je ne plaiderais pas aussi
meum negotium),   ma cause),
scitis, judices, fuisse,   vous savez, juges, *des hommes* avoir été,
qui in suadenda   qui en conseillant
hac rogatione,   cette enquête,
dicerent, cædem   disaient, le meurtre
esse factam   avoir été fait (commis)
manu Milonis,   par la main de Milon,
consilio vero   mais d'après le conseil
alicujus majoris.   de quelqu'un plus élevé.
Videlicet homines abjecti   Sans doute *ces* hommes abjects
et perditi   et pervers
me describebant   me désignaient
latronem ac sicarium.   *comme* un brigand et un assassin.
Jacent   Ils sont-à-terre (sont confondus)

qui Clodium negant eo die Romam, nisi de Cyro audisset, fuisse
rediturum. Respiravi ; liberatus sum ; non vereor ne, quod ne
suspicari quidem potuerim, videar id cogitasse.

Nunc persequar cetera. Nam occurrit illud [1] : Igitur ne Clodius
quidem de insidiis cogitavit, quoniam fuit in Albano man-
surus. Si quidem exiturus ad cædem e villa non fuisset. Video
enim illum , qui dicitur de Cyri morte nuntiasse , non id nuntiasse, sed Milonem appropinquare : nam quid de Cyro nun-
tiaret, quem Clodius, Roma proficiscens, reliquerat morientem?
Una fui : testamentum simul obsignavi [2] cum Clodio : testamentum autem palam fecerat, et illum heredem et me scrip-
serat. Quem pridie hora tertia animam efflantem reliquisset,
eum mortuum postridie hora decima denique ei nuntiabatur?

assassin. Les voilà confondus par leurs propres témoins, qui
déclarent que Clodius ne serait pas revenu ce jour-là, s'il n'avait pas
appris la mort de Cyrus. Je respire, je suis rassuré ; et je ne crains
plus de paraître avoir médité ce qu'il ne m'était pas même possible
de soupçonner.

Je reviens à la cause. On nous fait une objection : Clodius lui-
même n'a donc pas eu la pensée d'attaquer Milon, puisqu'il devait
rester à sa maison d'Albe. J'en conviens, si toutefois son projet
n'était pas d'en sortir pour commettre l'assassinat. En effet, ce
courrier que vous prétendez avoir annoncé la mort de Cyrus, je vois
qu'il venait avertir que Milon approchait. Car à quoi bon cet avis de
la mort de Cyrus qui expirait, au départ de Clodius? Nous étions
chez lui, Clodius et moi ; nous avions apposé notre sceau à son testament; il ne l'avait point fait en secret; il nous avait l'un et l'autre
institués héritiers. Et l'on ne venait que le lendemain, à la dixième
heure, annoncer à Clodius la mort d'un homme qu'il avait laissé la
veille, à la troisième heure, rendant le dernier soupir?

suis testibus	d'après leurs *propres* témoins
ii, qui negant Clodium	ceux-là, qui nient Clodius
fuisse rediturum Romam	avoir dû revenir à Rome
eo die,	ce jour-là,
nisi audisset	s'il n'avait pas appris *la nouvelle*
de Cyro.	touchant Cyrus.
Respiravi : sum liberatus :	Je respire : je suis absous :
non vereor, ne videar	je ne crains pas que je paraisse
cogitasse id,	avoir médité cela,
quod ne potuerim quidem	que je n'ai pas même pu
suspicari.	soupçonner.
Nunc persequar cetera.	Maintenant je poursuivrai le reste.
Nam illud	Car ceci
occurrit :	vient-à-la-rencontre (est objecté) :
Igitur Clodius	Donc Clodius
ne cogitavit quidem	n'a pas même songé
de insidiis,	à des embûches,
quoniam fuit mansurus	puisqu'il a été devant-rester
in Albano.	dans *son domaine* d'-Albe.
Si quidem	*Oui* si toutefois
non fuisset exiturus	il n'avait pas dû sortir
e villa	de *sa* maison-de-campagne
ad cædem.	pour le meurtre.
Video enim illum,	Car je vois cet *homme*,
qui dicitur nuntiasse	qui est dit avoir annoncé
de morte Cyri,	touchant la mort de Cyrus,
non nuntiasse id,	ne pas avoir annoncé cela,
sed Milonem	mais *avoir annoncé* Milon
appropinquare :	approcher :
nam quid nuntiaret	en effet qu'avait-il à annoncer
de Cyro,	touchant Cyrus,
quem Clodius,	que Clodius,
proficiscens Roma,	partant de Rome,
reliquerat morientem ?	avait laissé mourant ?
Fui una :	Je fus avec *lui* :
obsignavi testamentum	je cachetai le testament
simul cum Clodio :	en même temps avec Clodius :
fecerat autem palam	or il avait fait publiquement
testamentum,	*son* testament,
et scripserat heredem	et il avait écrit *comme* héritier
illum et me.	celui-là (Clodius) et moi.
Quem reliquisset pridie	Celui qu'il avait quitté la veille
tertia hora	à la troisième heure
efflantem animam,	rendant le souffle,
postridie decima hora	le lendemain à la dixième heure
nuntiabatur ei denique	on annonçait à lui enfin
eum mortuum ?	celui-là *être* mort ?

XIX. Age, sit ita factum : quæ causa, cur Romam prope-
raret? cur in noctem se conjiceret? Quid afferebat causam
festinationis? quod heres erat? Primum erat nihil, cur pro-
perato opus esset : deinde, si quid esset, quid tandem erat
quod ea nocte consequi posset, amitteret autem, si postridie
mane Romam venisset? Atque, ut illi nocturnus ad urbem
adventus vitandus potius, quam expetendus fuit; sic Miloni,
quum insidiator esset, si illum ad urbem noctu accessurum
sciebat, subsidendum atque exspectandum fuit. Noctu, invi-
dioso et pleno latronum in loco occidisset. Nemo ei neganti
non credidisset, quem esse omnes salvum, etiam confitentem,
volunt. Sustinuisset hoc crimen primum ipse ille latronum
occultator et receptator locus, dum ' neque muta solitudo in-
dicasset, neque cæca nox ostendisset Milonem : deinde ibi

XIX. Supposons le fait : cette nouvelle l'obligeait-elle de préci-
piter son retour? de s'exposer aux dangers de la nuit? Pourquoi cet
empressement? Il était héritier? D'abord rien n'exigeait un retour
aussi brusque ; et, sa présence eût-elle été nécessaire, que gagnait-il
à revenir cette nuit même? que perdait-il à n'arriver que le lendemain matin? S'il devait éviter de marcher la nuit, d'un autre côté,
Milon, à qui l'on suppose le projet de l'assassiner, Milon, instruit
que Clodius reviendrait pendant la nuit, devait se mettre en embus-
cade et l'attendre. Il l'aurait tué à la faveur des ténèbres, dans un
lieu redouté et rempli de brigands. Il aurait nié, et personne n'eût
refusé de le croire, puisque, malgré son aveu, tous désirent qu'il soit
absous. On aurait d'abord accusé le lieu même, qui est une retraite
et un repaire de voleurs ; ni le silence de la solitude n'aurait dénoncé
Milon, ni les ténèbres de la nuit ne l'auraient désigné. Les soupçons

XIX. Age,	XIX. Allons,
sit factum ita :	qu'il ait été fait ainsi :
quæ causa,	quel motif *y avait-il*,
cur properaret Romam ?	pour qu'il se hâtât vers Rome ?
cur se conjiceret	pour qu'il se hasardât
in noctem ?	dans la nuit ?
Quid afferebat	Quoi *donc lui* apportait
causam festinationis ?	une cause d'empressement ?
quod erat heres ?	parce qu'il était héritier ?
Primum erat nihil,	D'abord il n'y avait rien,
cur esset opus properato :	pour qu'il fût besoin de diligence :
deinde, si esset quid,	ensuite, s'il y avait quelque chose,
quid erat tandem,	qu'y avait-il enfin,
quod posset consequi	qu'il pût gagner
ea nocte,	cette nuit-là,
amitteret autem,	*et* qu'il perdît au contraire,
si venisset Romam	s'il était venu à Rome
postridie mane ?	le lendemain matin ?
Atque, ut	Et, de même que
adventus nocturnus	une arrivée nocturne
ad urbem	à la ville
fuit vitandus illi	était à-éviter à lui
potius, quam expetendus ;	plutôt qu'à-souhaiter ;
sic Miloni,	de même pour Milon,
quum esset insidiator,	puisqu'il était le dresseur-d'embûches
si sciebat illum	s'il savait lui
accessurum noctu	devoir venir de nuit
ad urbem,	à la ville,
fuit subsidendum	il y avait à-s'arrêter
atque exspectandum.	et à-attendre.
Occidisset noctu,	Il *l'*aurait tué de nuit,
in loco invidioso	dans un lieu suspect
et pleno latronum.	et rempli de brigands.
Nemo non credidisset	Personne n'*aurait été qui* n'eût cru
ei neganti,	lui niant,
quem omnes volunt	*lui* que tous veulent
esse salvum,	être sauvé,
etiam confitentem.	même avouant.
Primum ille locus ipse	D'abord ce lieu-là même
occultator	qui-cache
et receptator latronum	et qui-recèle des brigands
sustinuisset hoc crimen,	eût supporté (été chargé de) ce crime,
dum neque solitudo muta	tandis que (car) ni la solitude muette
indicasset,	n'eût déclaré *Milon*,
neque nox cæca	ni la nuit obscure
ostendisset Milonem :	n'eût fait-voir Milon :
deinde multi	ensuite beaucoup *d'hommes*

multi ab illo violati, spoliati, bonis expulsi, multi etiam hæc timentes, in suspicionem caderent; tota denique rea citaretur Etruria.

Atque illo die certe, Aricia[1] rediens, devertit Clodius ad se in Albanum. Quod ut sciret Milo[2], illum Ariciæ fuisse, suspicari tamen debuit, eum, etiam si Romam illo die reverti vellet, ad villam suam, quæ viam tangeret, deversurum. Cur neque ante occurrit, ne ille in villa resideret, nec eo in loco subsedit, quo ille noctu venturus esset?

Video adhuc constare omnia, judices : Miloni etiam utile fuisse Clodium vivere; illi ad ea, quæ concupierat, optatissimum interitum Milonis : odium fuisse illius in hunc acerbissimum; nullum hujus in illum : consuetudinem illius perpetuam in vi inferenda; hujus tantum in repellenda : mortem

seraient tombés sur une infinité de personnes que Clodius a maltraitées, dépouillées, chassées de leurs héritages, sur tant d'autres qui redoutaient de pareilles violences, en un mot sur l'Étrurie tout entière.

Il est certain d'ailleurs que Clodius, revenant d'Aricie, s'est détourné vers sa maison d'Albe. Or Milon, en admettant qu'il ait su Clodius dans Aricie, devait soupçonner que, même avec la volonté d'arriver à Rome ce jour-là, il s'arrêterait à sa maison qui est sur le chemin. Il pouvait craindre même qu'il n'y séjournât. Pourquoi n'a-t-il pas prévenu son arrivée, ou pourquoi ne l'a-t-il pas attendu dans un lieu où il devait passer pendant la nuit?

Je vois que jusqu'ici tout s'accorde parfaitement. Il était utile à Milon que Clodius vécût, et Clodius, pour l'exécution de ses projets, avait besoin de la mort de Milon. Clodius portait une haine mortelle à son ennemi; Milon ne haïssait pas Clodius. L'un ne cessa jamais d'employer la violence; l'autre se contenta toujours de la repousser.

violati ibi ab illo,	maltraités là par lui (Clodius),
spoliati, expulsi bonis,	dépouillés, chassés de *leurs* biens,
multi etiam	beaucoup encore
timentes hæc,	qui craignaient ces *traitements*,
caderent in suspicionem;	fussent tombés en suspicion;
denique Etruria tota	enfin l'Etrurie tout entière
citaretur rea.	eût été citée comme accusée.
Atque illo die certe,	Et ce jour-là précisément,
rediens Aricia,	revenant d'Aricie,
Clodius devertit	Clodius se détourne
ad se	*pour se rendre* chez lui
in Albanum.	dans *son domaine* d'-Albe.
Quod ut Milo sciret,	Supposé que Milon sût *ceci*,
illum fuisse Ariciæ,	lui avoir été à Aricie,
tamen debuit suspicari,	cependant il a dû soupçonner,
eum, etiam si vellet	lui, même s'il voulait
reverti Romam illo die,	revenir à Rome ce jour-là,
deversurum	devoir-se-détourner
ad suam villam,	vers sa maison-de-campagne,
quæ tangeret viam.	qui touchait la route.
Cur	Pourquoi
neque occurrit	et ne se porta-t-il-pas-à-sa-rencontre
ante,	auparavant,
ne ille resideret	de crainte qu'il ne séjournât
in villa,	dans *sa* maison-de-campagne,
nec subsedit	et ne s'est-il-pas-mis-en-embuscade
in eo loco,	dans ce lieu,
quo ille esset venturus	où il devait venir
noctu?	de nuit?
Video omnia	Je vois toutes choses
constare adhuc, judices:	s'accorder jusqu'ici, juges:
fuisse etiam utile Miloni	avoir été même utile à Milon
Clodium vivere;	Clodius vivre (que Clodius vécût);
interitum Milonis	la mort de Milon
optatissimum illi	*avoir été* très-souhaitée par celui-là
ad ea,	en vue de ces choses,
quæ concupierat:	qu'il avait ambitionnées:
odium acerbissimum fuisse	une haine très-cruelle avoir été
illius in hunc;	de celui-là (Clodius) contre celui-ci;
nullum hujus	aucune *haine* de celui-ci (Milon)
in illum:	contre celui-là:
consuetudinem perpetuam	une habitude constante
illius	de celui-là
in inferenda vi;	à employer la violence;
hujus	de celui-ci
in repellenda tantum:	à *la* repousser seulement:
mortem denuntiatam	la mort annoncée

ab illo denuntiatam Miloni, et prædictam palam; nihil unquam auditum ex Milone: profectionis hujus diem illi notum;
reditum illius huic ignotum fuisse : hujus iter necessarium;
illius etiam potius alienum : hunc præ se tulisse, se illo die
Roma exiturum; illum eo die se dissimulasse rediturum :
hunc nullius rei mutasse consilium; illum causam mutandi
consilii finxisse : huic, si insidiaretur, noctem prope urbem
exspectandam; illi, etiam si hunc non timeret, tamen ac-
cessum ad urbem nocturnum fuisse metuendum.

XX. Videamus nunc id, quod caput est : locus ad insidias
ille ipse, ubi congressi sunt, utri tandem fuerit aptior. Id
vero, judices, etiam dubitandum et diutius cogitandum est?
Ante fundum Clodii, quo in fundo, propter insanas illas substructiones, facile mille hominum versabatur valentium, edito

Clodius avait publiquement ménacé Milon de le tuer, il avait même
annoncé sa mort; Milon n'a jamais fait de menaces. Clodius con-
naissait le jour du départ de Milon; celui-ci ignorait le retour de
Clodius. Le voyage de l'un était indispensable; celui de l'autre était
même contraire à ses intérêts. Milon avait annoncé son départ; Clodius avait dissimulé son retour. Le premier n'a rien changé à ses
projets; le second a supposé des motifs pour ne pas exécuter les siens.
Enfin, si Milon voulait assassiner Clodius, il devait l'attendre la
nuit auprès de Rome; et Clodius, quand même il n'aurait rien appré
hendé de Milon, devait craindre cependant de s'approcher de Rome
pendant la nuit.

XX. Considérons à présent, ce qu'il importe surtout d'examiner,
à qui le lieu même du combat a été le plus favorable. Pouvez-vous
avoir ici quelques doutes? et vous faut-il de longues réflexions? La
rencontre s'est faite devant une terre de Clodius, où il se trouvait au
moins un millier d'hommes forts et robustes, employés à ses con-

Miloni	à Milon
ab illo,	par celui-là (Clodius),
et prædictam palam ;	et prédite publiquement ;
nihil unquam auditum	rien jamais d'entendu
ex Milone :	*venant* de Milon :
diem profectionis hujus	le jour du départ de celui-ci (Milon) .
notum illi ;	connu à celui-là ;
reditum illius	le retour de celui-là (Clodius)
fuisse ignotum huic :	avoir été ignoré de celui-ci :
iter hujus necessarium ;	le voyage de celui-ci nécessaire ;
illius	*le voyage* de celui-là
etiam potius alienum :	même plutôt inopportun :
hunc tulisse præ se,	celui-ci avoir porté devant lui (annoncé)
se exiturum Roma	lui devoir-sortir de Rome
illo die ;	ce jour-là ;
illum dissimulasse	celui-là avoir dissimulé
se rediturum eo die :	lui devoir-revenir ce jour-là :
hunc mutasse consilium	celui-ci *n*'avoir changé le dessein
nullius rei ;	d'aucune chose ;
illum finxisse causam	celui-là avoir imaginé un motif
mutandi consilii :	de changer de dessein :
noctem	la nuit
exspectandam huic	avoir-dû-être-attendue par celui-ci
prope urbem,	près de la ville,
si insidiaretur ;	s'il dressait-des-embûches ;
accessum nocturnum	une arrivée nocturne
ad urbem	à la ville
fuisse metuendum illi ,	avoir dû être redoutée par celui-là,
etiam si non timeret hunc.	même s'il ne craignait pas celui-ci (Milon)

XX. Videamus nunc
id, quod est caput :
utri tandem
ille locus ipse,
ubi sunt congressi,
fuerit aptior ad insidias.
Id vero, judices,
est etiam dubitandum
et cogitandum
diutius ?
Milo putabat
se fore superiorem
ante fundum Clodii,
in quo fundo
versabatur,
propter illas substructiones
insanas ,
facile mille

XX. Voyons maintenant
ceci, qui est le point-capital :
auquel des deux enfin
ce lieu-là même,
où ils se sont rencontrés,
était plus commode pour des embûches
Mais ceci, juges,
est-il même à-mettre-en-doute
et à-soumettre-à-la-réflexion
plus longtemps ?
Milon croyait-il
lui devoir-être le plus fort
devant le domaine de Clodius,
dans lequel domaine
se trouvait-habituellement,
à cause de ces constructions
insensées,
assurément un millier

adversarii atque excelso loco superiorem se fore putabat Milo, et ob eam rem eum locum ad pugnam potissimum elegerat? An in eo loco est potius exspectatus ab eo, qui, ipsius loci spe, facere impetum cogitarat? Res loquitur, judices, ipsa, quæ semper valet plurimum. Si hæc non gesta audiretis, sed picta videretis; tamen appareret, uter esset insidiator, uter nihil cogitaret mali, quum alter veheretur in rheda pænulatus, una sederet uxor. Quid horum non impeditissimum? vestitus, an vehiculum, an comes? quid minus promtum ad pugnam, quum pænula irretitus, rheda impeditus, uxore pæne constrictus esset? Videte nunc illum, primum egredientem e villa subito : cur? vesperi : quid necesse est? tarde : qui convenit, id præsertim temporis¹? Devertit in villam Pompeii. Pompeium ut videret? Sciebat in Alsiensi² esse.

structions extravagantes : Milon croyait-il prendre ses avantages en attaquant un ennemi placé sur une hauteur, et avait-il par cette raison choisi ce lieu pour combattre? Ou plutôt n'a-t-il pas été attendu par Clodius, qui voulait profiter de cette position pour l'attaquer? La chose parle d'elle-même, juges; on ne peut se refuser à cette évidence. Si, au lieu d'entendre le récit de cette action, vous en aviez le tableau sous les yeux, il suffirait, pour connaître l'agresseur, de voir que l'un d'eux est dans une voiture, couvert d'un manteau de voyage, assis à côté de sa femme. Le vêtement, la voiture, la compagnie, est-il rien de plus embarrassant? Quelles dispositions pour un combat que d'être enveloppé d'un manteau, enfermé dans une voiture, et comme enchaîné auprès d'une femme! A présent voyez Clodius sortir brusquement de sa maison : pourquoi? le soir : quelle nécessité? il s'avance lentement: quoi! dans une pareille saison? Il passe à la campagne de Pompée : était-ce pour le voir? il le savait à sa terre d'Alsium. Était-ce pour visiter la maison? il

hominum valentium,	d'hommes robustes,
loco adversarii	dans un lieu (propriété) de *son* ennemi
edito atque excelso,	haut et élevé,
et elegerat potissimum	et avait-il choisi de préférence
ob eam rem	pour cette raison
eum locum ad pugnam ?	ce lieu pour le combat ?
An potius	Ou plutôt
est exspectatus in eo loco	a-t-il été attendu dans ce lieu
ab eo, qui,	par celui-là, qui,
spe loci ipsius,	par l'espoir (la confiance) de *ce* lieu même,
cogitarat facere impetum ?	avait médité de faire irruption ?
Res ipsa loquitur, judices,	Le fait lui-même parle, juges,
quæ semper	*le fait* qui toujours
valet plurimum.	a le plus de valeur.
Si non audiretis	Si vous n'entendiez pas *raconter*
hæc gesta,	ces choses faites,
sed videretis picta ;	mais, si vous *les* voyiez peintes ;
tamen appareret,	cependant il apparaîtrait,
uter .	lequel des deux
esset insidiator,	était le dresseur-d'embûches,
uter .	lequel des deux
cogitaret nihil mali,	ne méditait rien de mal,
quum alter	puisque l'un
veheretur in rheda	était traîné dans une voiture
pænulatus,	couvert-d'une-pénule,
uxor sederet una.	que *sa* femme était assise avec *lui*.
Quid horum	Laquelle de ces choses
non impeditissimum ?	n'*est* pas très-embarrassante ?
vestitus, an vehiculum,	le vêtement, ou la voiture,
an comes ?	ou la compagne ?
quid minus promtum	quoi de moins disposé
ad pugnam,	pour un combat,
quum esset irretitus	puisqu'il était enveloppé
pænula,	par *sa* pénule,
impeditus rheda,	embarrassé par *sa* voiture,
pæne constrictus uxore ?	presque enchaîné par *sa* femme ?
Videte nunc illum,	Voyez maintenant celui-là,
primum egredientem	d'abord sortant
e villa,	de sa villa,
subito : cur ?	subitement : pourquoi ?
vespere :	le soir :
quid est necesse ?	en quoi *cela* est-il nécessaire ?
tarde : qui convenit.	lentement : comment cela est-il conve-[nable
præsertim id temporis ?	surtout à cette époque ?
Devertit	Il se détourne *pour aller*
in villam Pompeii.	à la villa de Pompée.
Ut videret Pompeium ?	Pour qu'il vît Pompée ?

Villam ut perspiceret? Millies in ea fuerat. Quid ergo erat moræ et tergiversationis[1]? Dum hic veniret, locum relinquere noluit.

XXI. Age nunc, iter expediti latronis cum Milonis impedimentis comparate. Semper ille antea cum uxore; tum sine ea : nunquam non in rheda ; tum in equo : comites Græculi[2], quocumque ibat, etiam quum in castra Etrusca[3] properabat ; tum nugarum in comitatu nihil. Milo, qui nunquam, tum casu pueros symphoniacos uxoris ducebat, et ancillarum greges ; ille, qui semper secum scorta, semper exoletos, semper lupas duceret, tum neminem, nisi ut virum a viro lectum[4] esse diceres.

Cur igitur victus est? quia non semper viator a latrone, nonnunquam etiam latro a viatore occiditur : quia, quanquam paratus in imparatos Clodius, tamen mulier inciderat

l'avait vue mille fois. Pourquoi donc tous ces détours et ces amusements affectés? C'est qu'il fallait donner à Milon le temps d'arriver.

XXI. Comparez maintenant ce brigand que rien ne gêne dans sa marche, avec Milon que tout embarrasse. Auparavant Clodius menait toujours sa femme avec lui : alors il était sans elle. Jamais il ne voyageait qu'en voiture : alors il était à cheval. En quelque endroit qu'il se rendît, lors même qu'il courait vers le camp d'Étrurie, il avait toujours des Grecs à sa suite : alors rien de frivole dans tout son cortége. Milon, ce qui ne lui était jamais arrivé, menait ce jour-là les musiciens et les femmes de son épouse. Clodius, qui traînait toujours après lui une troupe de débauchés et de courtisanes, n'avait en cette occasion que des hommes de choix, que des braves à toute épreuve.

Pourquoi donc a-t-il été vaincu? C'est que le voyageur n'est pas toujours tué par le brigand, et que le brigand lui-même est tué quelquefois par le voyageur; c'est que Clodius quoique préparé contre des gens qui ne l'étaient pas, n'était pourtant qu'une femme qui attaquait des

Sciebat esse
in Alsiensi.
Ut perspiceret villam ?
Fuerat millies in ea.
Quid ergo erat
moræ et tergiversationis ?
Noluit relinquere locum ,
dum hic veniret.

    XXI. Age nunc ,
comparate iter
latronis expediti
cum impedimentis Milonis.
Antea ille
semper cum uxore ;
tum sine ea :
nunquam
non in rheda ;
tum in equo :
Græculi comites ,
quocumque ibat,
etiam quum properabat
in castra Etrusca ;
tum nihil nugarum
in comitatu..
Milo , qui nunquam ,
tum casu ducebat
pueros symphoniacos
uxoris ,
et greges ancillarum :
ille, qui semper
duceret secum scorta,
semper exoletos,
semper lupas ,
tum neminem ,
nisi ut diceres
virum esse lectum a viro.

    Cur igitur est victus ?
quia viator
non semper occiditur
a latrone,
nonnunquam etiam latro
a viatore :
quia, quanquam Clodius
inciderat paratus
in imparatos ,
tamen mulier
in viros.

Il savait *lui* être
dans *son domaine* d'-Alsium.
Pour qu'il visitât la villa ?
Il avait été mille fois dans cette *villa.*
Qu'y avait-il donc (quel motif)
de retard et de détours ?
Il n'a pas voulu abandonner le lieu ,
tandis que celui-ci (Milon) venait

    XXI. Voyons maintenant ,
comparez la manière-de-voyager
de *ce* brigand dégagé *d'embarras*
avec les embarras de Milon.
Auparavant celui-là
voyageait toujours avec *sa* femme ;
alors *il est* sans elle :
jamais *il ne voyageait*
n'*étant* pas en voiture ;
alors *il est* à cheval :
de petits-Grecs *étaient ses* compagnons ,
partout où il allait,
même lorsqu'il faisait-diligence
vers le camp d'-Étrurie ;
alors rien de bagatelles
dans *son* escorte.
Milon , qui n'*en emmenait* jamais ,
alors par hasard emmenait
les jeunes-esclaves musiciens
de *sa* femme ,
et des troupes de suivantes :
celui-là (Clodius), qui toujours
emmenait avec lui des courtisanes ,
toujours des mignons ,
toujours des prostituées ,
n'*emmenait* alors personne ,
si *ce n'est* que tu aurais dit
homme avoir été choisi par homme.

    Pourquoi donc a-t-il été vaincu ?
parce que le voyageur
n'est pas toujours tué
par le brigand ,
et que quelquefois aussi le brigand
est tué par le voyageur :
parce que , quoique Clodius
fût tombé préparé
sur des *hommes* non-préparés ,
cependant femme
il tombait sur des hommes.

in viros [1]. Nec vero sic erat unquam non paratus Milo contra illum, ut non satis fere esset paratus. Semper ille, et quantum interesset P. Clodii se perire, et quanto illi odio esset, et quantum ille auderet, cogitabat. Quamobrem vitam suam, quam maximis præmiis propositam et pæne addictam sciebat, nunquam in periculum sine præsidio et sine custodia projiciebat. Adde casus, adde incertos exitus pugnarum, Martemque communem, qui sæpe spoliantem jam et exsultantem evertit, et perculit ab abjecto. Adde inscitiam pransi, poti, oscitantis ducis : qui, quum a tergo hostem interclusum reliquisset, nihil de ejus extremis comitibus cogitavit; in quos incensos ira, vitamque domini desperantes, quum incidisset, hæsit in iis pœnis, quas ab eo servi fideles pro domini vita expetiverunt.

hommes. D'ailleurs Milon ne se tenait jamais si peu en garde contre lui, qu'il ne fût en mesure de se défendre. L'intérêt que Clodius avait à le faire périr, la violence de sa haine, l'excès de son audace, étaient toujours présents à sa pensée. Sachant donc que sa tête avait été proscrite et mise au plus haut prix, il ne s'exposait pas sans précaution; il ne sortait jamais sans escorte. Joignez à cela les hasards, l'incertitude des événements, les chances des combats, dans lesquels on a vu tant de fois un vainqueur périr par la main d'un ennemi terrassé, au moment même où déjà il s'empressait d'enlever sa dépouille. Ajoutez encore l'impéritie d'un chef accablé de bonne chère, de vin, de sommeil. Après avoir coupé la troupe ennemie, il ne songe pas à ceux qu'il laisse en arrière : ces hommes furieux, désespérant de la vie de Milon, tombèrent sur lui, et la vengeance de ces esclaves fidèles ne lui permit pas d'aller plus loin.

Nec vero Milo	Et assurément Milon
erat unquam	n'était jamais
sic non paratus	tellement non préparé
contra illum,	contre lui,
ut non esset	qu'il ne fût pas
fere satis paratus.	à peu près assez préparé.
Ille cogitabat semper,	Il réfléchissait toujours,
et quantum interesset	et combien il était-de-l'intérêt
P. Clodii	de P. Clodius
se perire,	lui périr,
et quanto odio	et dans quelle haine
esset illi,	il était auprès de lui (de Clodius),
et quantum ille auderet.	et combien celui-là avait-d'audace.
Quamobrem nunquam	Aussi jamais
projiciebat in periculum	il n'exposait au danger
sine præsidio	sans défense
et sine custodia	et sans protection
suam vitam, quam sciebat	sa vie, qu'il savait
propositam	mise-à-prix
et pæne addictam	et presque adjugée
maximis præmiis.	pour les plus grandes récompenses.
Adde casus,	Ajoutez les hasards,
adde exitus incertos	ajoutez les issues incertaines
pugnarum,	des combats,
Martemque communem,	et Mars commun *aux deux partis*,
qui sæpe evertit	qui souvent a renversé
spoliantem jam	celui-qui-dépouillait déjà
et exsultantem,	et qui triomphait,
et perculit	et *l*'a frappé
ab abjecto.	par *la main de* celui qui était terrassé.
Adde inscitiam	Ajoutez l'impéritie
ducis pransi, poti,	d'un chef qui a mangé, qui a bu,
oscitantis :	qui bâille (qui a sommeil) :
qui, quum reliquisset	qui, après qu'il avait laissé
hostem interclusum	l'ennemi coupé
a tergo,	par derrière,
cogitavit nihil	ne songea en rien
de comitibus ejus	aux compagnons de cet *ennemi*
extremis;	*qui étaient* en-arrière;
in quos, incensos ira,	sur lesquels, enflammés de colère,
desperantesque	et désespérant
vitam domini,	de la vie de *leur* maître,
quum incidisset,	lorsqu'il fut tombé,
hæsit in iis pœnis,	il fut arrêté dans ces châtiments,
quas servi fideles	que des esclaves fidèles
expetiverunt ab eo	réclamèrent (tirèrent) de lui
pro vita domini.	pour la vie de *leur* maître.

Cur igitur eos manumisit? metuebat scilicet, ne indicarent, ne dolorem perferre non possent, ne tormentis cogerentur, occisum esse a servis Milonis in Appia via P. Clodium, confiteri. Quid opus est tortore? Quid quæris? Occideritne? occidit. Jure, an injuria? nihil ad tortorem. Facti enim in equuleo quæstio est, juris in judicio.

XXII. Quod igitur in causa quærendum est, id agamus hic : quod tormentis invenire vis, id fatemur. Manu vero cur miserit, si id potius quæris, quam cur parum amplis affecerit præmiis, nescis inimici factum reprehendere. Dixit enim hic idem, qui omnia semper constanter et fortiter, M. Cato, dixitque in turbulenta concione, quæ tamen hujus auctoritate placata est, non libertate solum, sed etiam omnibus præmiis dignissimos fuisse, qui domini caput defendissent. Quod enim

Pourquoi donc Milon les a-t-il affranchis? sans doute il craignait qu'ils ne le nommassent, et que la violence de la question ne les contraignît d'avouer que Clodius a été tué sur la voie Appia par les gens de Milon. Qu'est-il besoin de tortures? Que voulez-vous savoir? Si Milon a tué Clodius? Il l'a tué. S'il en a eu le droit? C'est ce que la torture ne décidera pas. Les bourreaux peuvent arracher l'aveu du fait; les juges seuls prononcent sur le droit.

XXII. Attachons-nous donc au véritable objet de la cause. Ce que vous voulez découvrir par les tortures, nous le confessons. Si vous demandez pourquoi il les a mis en liberté, vous ne savez pas profiter de tous vos avantages : reprochez-lui plutôt de n'avoir pas fait plus pour eux. Caton, dans une assemblée tumultueuse, qui pourtant fut calmée par la présence de ce citoyen respectable, a dit avec ce courage et cette fermeté qu'on admire dans toutes ses paroles, que des esclaves qui avaient défendu leur maître, méritaient non-seulement

Cur igitur	Pourquoi donc *Milon*
eos manumisit?	les a-t-il affranchis?
metuebat scilicet,	il craignait sans doute,
ne indicarent,	qu'ils ne révélassent,
ne non possent	qu'ils ne pussent
perferre dolorem,	supporter-jusqu'au-bout la douleur,
ne cogerentur tormentis	qu'ils ne fussent forcés par les tortures
confiteri, P. Clodium	à avouer, P. Clodius
esse occisum	avoir été tué
a servis Milonis	par les esclaves de Milon
in via Appia.	sur la voie Appienne.
Quid est opus tortore?	Qu'est-il besoin du bourreau?
Quid quæris?	Que recherches-tu?
Occideritne? occidit.	S'il a tué? il a tué.
Jure, an injuria?	Si *c'est* avec droit, ou sans-droit?
nihil ad tortorem.	*cela ne regarde* en rien le bourreau.
Quæstio enim facti	En effet la recherche du fait
est in equuleo,	est sur le chevalet,
juris	*la recherche* du droit
in judicio.	*est* dans le jugement.
XXII. Hic igitur	XXII. Ici donc
agamus id,	discutons ceci,
quod est quærendum	qui est à-rechercher
in causa.:	dans la cause:
quod vis invenire	ce que tu veux découvrir
tormentis,	par les tortures,
id fatemur.	nous l'avouons.
Si vero quæris	Mais si tu recherches
id potius, cur	ceci plutôt, pourquoi
miserit manu,	il *les* a renvoyés de *sa* main (affranchis),
quam cur affecerit	que pourquoi il *les* a gratifiés
præmiis parum amplis,	de récompenses peu considérables,
nescis reprehendere	tu ne sais pas critiquer
factum inimici.	l'action d'un ennemi.
Hic enim idem M. Cato	Car ce même M. Caton
dixit,	*l'*a dit,
qui semper omnia	*lui* qui *dit* toujours tout
constanter et fortiter,	avec-fermeté et avec-courage,
dixitque	et il *l'*a dit
in concione turbulenta,	dans une assemblée tumultueuse,
quæ tamen est placata	qui cependant fut apaisée
auctoritate hujus,	par l'autorité de lui,
fuisse dignissimos	*ces esclaves* avoir été très-dignes
non solum libertate,	non-seulement de la liberté,
sed etiam	mais encore
omnibus præmiis,	de toutes récompenses,
qui defendissent	*eux qui* avaient défendu

præmium satis magnum est tam benevolis, tam bonis, tam fidelibus servis, propter quos vivit? etsi id quidem non tanti est, quam quod propter eosdem non sanguine et vulneribus suis crudelissimi inimici mentem oculosque satiavit. Quos nisi manumisisset, tormentis etiam dedendi fuissent conservatores domini, ultores sceleris, defensores necis. Hic vero nihil habet in his malis, quod minus moleste ferat, quam, etiam si quid ipsi accidat, esse tamen illis meritum præmium persolutum.

Sed quæstiones urgent Milonem, quæ sunt habitæ nunc in atrio Libertatis. Quibusnam de servis? rogas? de P. Clodii. Quis eos postulavit? Appius [1]. Quis produxit? Appius. Unde? ab Appio. Dii boni! quid potest agi severius? De servis nulla quæstio est in dominos, nisi de incestu [2], ut fuit in Clodium. Proxime deos accessit Clodius [3], propius quam tum, quum ad

la liberté, mais les plus magnifiques récompenses. En effet, Milon peut-il assez payer le zèle, l'attachement, la fidélité de ces hommes auxquels il doit la vie? que dis-je? il leur doit bien plus : sans eux, ses blessures et son sang auraient servi à repaître les yeux et l'âme féroce de son cruel ennemi. Et s'il ne les avait pas affranchis, il aurait fallu que les défenseurs de leur maître, ses sauveurs, ses vengeurs, fussent livrés aux horreurs de la question! Ah! du moins une pensée le console dans son infortune; c'est que, quel que soit son destin, il a du moins essayé de les récompenser de leur dévouement.

Mais, dit-on, les esclaves interrogés dans le vestibule de la Liberté déposent contre Milon. Quels sont ces esclaves? ceux de Clodius. Qui a demandé qu'ils fussent interrogés? Appius. Qui les a produits? Appius. D'où sortent-ils? De la maison d'Appius. Grands dieux! quel excès de rigueur! Nulle loi n'admet le témoignage des esclaves contre leurs maîtres, à moins qu'il ne s'agisse d'un sacrilége, ainsi que dans le procès de Clodius. Il s'est donc bien approché des dieux, ce Clodius! il est encore plus près de la Divinité que lorsqu'il péné-

caput domini.	la tête de *leur* maître.
Quod enim præmium	En effet quelle récompense
est satis magnum	est assez grande
servis tam benevolis,	pour des esclaves si dévoués,
tam bonis, tam fidelibus,	si bons, si fidèles,
propter quos vivit?	grâce auxquels il vit?
etsi id quidem	quoique cela certes
non est tanti,	n'est pas (ne soit pas) d'un si grand *prix*,
quam quod	que *ceci*, *savoir* que
propter eosdem	grâce aux mêmes *esclaves*
non satiavit sanguine	il n'a pas rassasié de *son* sang
et suis vulneribus	et de ses blessures
mentem oculosque	l'âme et les yeux
inimici crudelissimi.	de *son* ennemi le plus cruel.
Quos nisi manumisisset,	Lesquels s'il n'avait affranchis,
conservatores domini,	les sauveurs de *leur* maître,
ultores sceleris,	les vengeurs du crime,
defensores necis,	*ses* défenseurs contre la mort,
fuissent etiam dedendi	auraient été même devant être livrés
tormentis.	aux tortures.
Hic vero habet nihil	Mais celui-ci (Milon) n'a rien
in his malis,	dans ces maux *où il se trouve*,
quod ferat minus moleste,	qu'il supporte moins avec-chagrin,
quam, etiam si quid	que *ceci*, même si quelque chose
accidat ipsi,	arrive à lui-même,
tamen præmium meritum	cependant la récompense méritée
esse solutum illis.	avoir été payée à eux.
Sed quæstiones,	Mais les tortures,
quæ sunt habitæ nunc	qui ont été appliquées maintenant
in atrio Libertatis,	dans le vestibule de la Liberté,
urgent Milonem.	chargent Milon.
De quibusnam servis?	A quels esclaves *ont-elles été appliquées?*
rogas? de P. Clodii.	tu *le* demandes? à ceux de P. Clodius.
Quis eos postulavit?	Qui *les* a réclamés?
Appius.	Appius.
Quis produxit? Appius.	Qui *les* a produits? Appius.
Unde? ab Appio.	D'où? de chez Appius.
Dii boni! quid	Dieux bons! quelle chose
potest agi severius?	peut être faite plus sévèrement?
Nulla quæstio est	Aucune torture n'est *permise*
de servis in dominos,	*appliquée* aux esclaves contre *leurs* maîtres,
nisi de incestu,	si *ce n'est* touchant le sacrilége,
ut fuit in Clodium.	comme *cela* a été contre Clodius.
Clodius accessit deos	Clodius s'est approché des dieux
proxime,	de très-près,
propius quam tum,	de plus près qu'alors,
quum penetrarat ad ipsos;	lorsqu'il avait pénétré jusqu'à eux;

ipsos penetrarat; cujus de morte, tanquam de cæremoniis violatis, quæritur. Sed tamen majores nostri in dominum de servo quæri noluerunt; non quia non posset verum inveniri, sed quia videbatur indignum esse, et dominis morte ipsa tristius. In reum de servis accusatoris quum quæritur, verum inveniri potest?

Age vero, quæ erat, aut qualis quæstio?—Heus tu, Ruscio, verbi causa, cavesis [1] mentiaris. Clodius insidias fecit Miloni?— Fecit.— Certa crux.— Nullas fecit.—Sperata libertas. Quid hac quæstione certius? Subito arrepti in quæstionem, tamen separantur a ceteris, et in arcas conjiciuntur, ne quis cum iis colloqui possit. Hi centum dies penes accusatorem quum fuissent, ab eo ipso accusatore producti sunt. Quid hac quæstione dici potest integrius? quid incorruptius?

XXIII. Quod si nondum satis cernitis, quum res ipsa tot

tra dans ce sanctuaire inviolable, puisqu'on informe sur sa mort comme s'il s'agissait de la profanation des plus saints mystères. Cependant si nos ancêtres n'ont pas voulu qu'un esclave fût entendu contre son maître, ce n'est pas que par cette voie on ne pût arriver à la connaissance de la vérité; c'est que ce moyen leur paraissait indigne, et plus affreux pour les maîtres que la mort même. Mais faire entendre à la charge de l'accusé les esclaves mêmes de l'accusateur, est-ce un moyen de parvenir à la vérité?

Et quel était l'objet, quelle était la forme de cette épreuve? Ruscion, approche, et prends garde de mentir. Clodius a-t-il dressé des embûches à Milon? — Oui. — Tu seras mis en croix. — Non. — Tu seras libre. Quoi de plus infaillible que cette manière de procéder? Lorsqu'on veut faire entendre des esclaves, on les saisit sans délai : on fait plus, on les sépare, on les enferme, afin qu'ils ne communiquent avec personne. Ceux-ci ont été cent jours au pouvoir de l'accusateur, et c'est ce même accusateur qui les a produits. Quoi de moins suspect et de plus irréprochable qu'un tel interrogatoire?

XXIII. Si tant de preuves et d'indices aussi clairs ne suffisent pas

de morte cujus	*lui* sur la mort duquel
quæritur,	il est fait-des-informations (procédé),
tanquam de cæremoniis	comme sur les mystères
violatis.	violés (profanés).
Sed tamen nostri majores	Mais cependant nos ancêtres
noluerunt quæri	n'ont pas voulu la-torture-être-appliquée
de servo in dominum ;	à un esclave contre *son* maître ;
non quia verum	non parce que le vrai
non posset inveniri,	ne pourrait pas être découvert,
sed quia videbatur	mais parce que *cela* paraissait *à eux*
esse indignum,	être une chose indigne,
et tristius dominis	et plus triste pour les maîtres
morte ipsa.	que la mort elle-même.
Quum quæritur	Lorsque la-torture-est-appliquée
de servis accusatoris	aux esclaves de l'accusateur
in reum,	contre l'accusé,
verum potest inveniri ?	le vrai peut-il être trouvé ?
Age vero,	Mais voyons,
quæ, aut qualis	quel ou de-quelle-nature
erat quæstio ?	était l'interrogatoire ?
— Heus tu, Ruscio,	— Holà toi, Ruscion,
verbi causa,	par exemple,
cavesis mentiaris.	prends garde que tu ne mentes.
Clodius fecit insidias	Clodius a-t-il dressé des embûches
Miloni ?	à Milon ?
— Fecit.	— Il *lui en* a dressé.
— Crux certa.	— La croix (le supplice) *est* assurée.
— Fecit nullas.	— Il n'*en* a dressé aucunes.
— Libertas sperata.	— La liberté *peut être* espérée.
Quid certius	Quoi de plus certain
hac quæstione ?	que cet interrogatoire ?
Arrepti subito	*Les esclaves* saisis subitement
in quæstionem,	pour l'interrogatoire,
tamen separantur a ceteris,	cependant sont séparés des autres,
et conjiciuntur in arcas,	et ils sont jetés dans des cachots,
ne quis possit	afin que personne ne puisse
colloqui cum iis.	s'entretenir avec eux.
Quum hi fuissent	Après que ces *esclaves* avaient été
centum dies	pendant cent jours
penes accusatorem,	au pouvoir de l'accusateur,
sunt producti	ils furent produits
ab eo accusatore ipso.	par cet accusateur même.
Quid potest dici	Que peut-il être dit
integrius hac quæstione ?	de plus intègre que cet interrogatoire ?
quid incorruptius ?	quoi de plus exempt-de-corruption ?
XXIII. Quod si	XXIII. Que si
nondum cernitis satis,	vous ne voyez pas encore assez,

tam claris argumentis signisque luceat, pura mente atque integra Milonem, nullo scelere imbutum, nullo metu perterritum, nulla conscientia exanimatum, Romam revertisse; recordamini, per deos immortales ! quæ fuerit celeritas reditus ejus, qui ingressus in forum, ardente curia, quæ magnitudo animi, qui vultus, quæ oratio [1]. Neque vero se populo solum, sed etiam senatui commisit; neque senatui modo, sed etiam publicis præsidiis et armis; neque his tantum, verum etiam ejus [2] potestati, cui senatus totam rempublicam, omnem Italiæ pubem, cuncta populi romani arma commiserat. Cui nunquam se hic profecto tradidisset, nisi causæ suæ confideret; præsertim omnia audienti, magna metuenti, multa suspicanti, nonnulla credenti. Magna vis est conscientiæ, judices, et magna in utramque partem; ut neque timeant, qui nihil commiserint, et pœnam semper ante oculos versari putent, qui peccarint.

encore pour vous convaincre que Milon est revenu à Rome avec une conscience pure, sans être souillé par le crime, agité par la crainte, tourmenté par les remords, au nom des dieux, rappelez-vous quelle fut la célérité de son retour et son entrée dans le forum, pendant que le palais du sénat était en proie aux flammes; rappelez-vous son courage, sa fermeté, ses discours. Il se livra non-seulement au peuple, mais encore au sénat; non-seulement au sénat, mais aux gardes et aux troupes armées par le gouvernement; que dis-je? il se remit à la discrétion du magistrat que le sénat avait rendu maître de la république entière, de toute la jeunesse de l'Italie, et de toutes les forces du peuple romain. Croyez-vous qu'il l'eût fait, s'il n'avait été rassuré par son innocence, sachant surtout que Pompée ne négligeait aucun bruit, qu'il était rempli de défiances et de soupçons dont plusieurs lui paraissaient justes? Telle est la force de la conscience; tel est son pouvoir sur l'innocent et sur le coupable : le premier ne craint rien, l'autre voit partout les apprêts du supplice.

quum res ipsa luceat	alors que le fait lui-même brille
tot argumentis signisque	de tant de preuves et de signes
tam claris,	si clairs,
Milonem revertisse Romam	Milon être revenu à Rome
mente pura atque integra,	avec une âme pure et innocente,
imbutum nullo scelere,	souillé d'aucun crime,
perterritum nullo metu,	épouvanté d'aucune crainte,
examinatum	tourmenté
nulla conscientia;	par aucune conscience *d'un forfait;*
recordamini,	rappelez-vous,
per deos immortales!	au nom des dieux immortels!
quæ fuerit celeritas	quelle a été la promptitude
reditus ejus,	du retour de lui,
qui ingressus in forum,	quelle entrée dans le forum,
curia ardente,	le sénat étant-en-flammes,
quæ magnitudo animi,	quelle grandeur d'âme,
qui vultus, quæ oratio.	quel visage, quel langage.
Neque vero se commisit	Et il ne s'est pas livré
populo solum,	au peuple seulement,
sed etiam senatui;	mais encore au sénat;
neque senatui modo,	ni au sénat seulement,
sed etiam præsidiis	mais encore aux troupes
et armis publicis;	et aux armes publiques;
neque his tantum,	ni à ces *troupes* seulement,
verum etiam potestati ejus,	mais encore au pouvoir de celui-là,
cui senatus commiserat·	à qui le sénat avait confié
rempublicam totam,	la république tout entière,
omnem pubem Italiæ,	toute la jeunesse de l'Italie,
cuncta arma	toutes les armes
populi romani.	du peuple romain.
Cui hic profecto	Auquel *homme* celui-ci assurément
nunquam se tradidisset,	ne se serait jamais livré,
nisi confideret suæ causæ;	s'il n'avait eu-confiance en sa cause;
præsertim audienti omnia,	surtout à *un homme* qui entendait tout
metuenti magna,	qui craignait grandement,
suspicanti multa,	qui soupçonnait beaucoup,
credenti nonnulla.	qui croyait quelquefois.
Vis conscientiæ	La force de la conscience
est magna, judices	est grande, juges,
et magna	et grande
in utramque partem;	de l'un et l'autre côté;
ut	de sorte que
neque qui commiserint nihil	et ceux qui n'ont commis rien
timeant,	ne craignent pas,
et qui peccarint	et ceux qui ont péché (mal fait)
putent semper pœnam	pensent toujours la peine
versari ante oculos.	s'agiter devant *leurs* yeux.

Neque vero sine ratione certa causa Milonis semper a senatu probata est. Videbant enim sapientissimi homines facti rationem, præsentiam animi, defensionis constantiam. An vero obliti estis, judices, recenti illo nuntio necis Clodianæ, non modo inimicorum Milonis sermones et opiniones, sed nonnullorum etiam imperitorum? Negabant eum Romam esse rediturum. Sive enim illud animo irato ac percito fecisset, ut incensus odio trucidaret inimicum, arbitrabantur eum tanti mortem P. Clodii putasse, ut æquo animo patria careret, quum sanguine inimici explesset odium suum ; sive etiam illius morte patriam liberare voluisset, non dubitaturum fortem virum, quin, quum suo periculo salutem reipublicæ attulisset, cederet æquo animo legibus, secum auferret gloriam sempiternam, nobis hæc fruenda relinqueret, quæ ipse servasset. Multi etiam

Ce n'est donc pas sans une raison puissante que le sénat s'est toujours montré favorable à la cause de Milon : cette sage compagnie a vu en lui une conduite qui ne s'est jamais démentie, une fermeté et une constance inaltérables. Avez-vous oublié, juges, quels furent, au premier bruit de la mort de Clodius, les discours et les opinions, non-seulement des ennemis de Milon, mais même de quelques hommes peu éclairés? Ils prétendaient qu'il ne rentrerait pas dans Rome ; car, disaient-ils, s'il a tué Clodius par haine et par colère, satisfait d'avoir assouvi sa fureur dans le sang de son ennemi, il s'exilera volontairement, et ne croira pas avoir payé trop cher le plaisir de s'être vengé. Si, au contraire, il n'a cherché qu'à délivrer la patrie, ce généreux citoyen, après avoir sauvé l'État au péril de ses jours, se fera un devoir d'obéir aux lois ; il emportera la gloire de cette action immortelle, et nous laissera jouir des biens qu'il nous a con-

Neque vero	Mais *ce n'est* pas non plus
sine ratione certa	sans une raison certaine
causa Milonis	*que* la cause de Milon
est probata semper	a été approuvée toujours
a senatu.	par le sénat.
Homines enim	En effet *ces* hommes
sapientissimi	très-sages
videbant rationem facti,	voyaient la nature du fait,
præsentiam animi,	la constance de l'âme,
constantiam defensionis.	la fermeté de la défense.
An vero estis obliti, judices,	Est-ce que vous avez donc oublié, juges
illo nuntio necis Clodianæ	cette nouvelle de la mort de-Clodius
recenti,	*étant* récente,
sermones et opiniones	les discours et les opinions
non modo	non pas seulement
inimicorum Milonis,	des ennemis de Milon,
sed etiam	mais encore
nonnullorum imperitorum?	de quelques *hommes* mal-instruits?
Negabant eum	Ils niaient lui (Milon)
esse rediturum Romam.	devoir revenir à Rome.
Sive enim fecisset illud	Car soit qu'il eût fait cela
animo irato ac percito,	d'un esprit irrité et transporté,
ut incensus odio	de sorte qu'enflammé de haine
trucidaret inimicum,	il eût tué *son* ennemi,
arbitrabantur eum	ils pensaient lui
putasse mortem P. Clodii	avoir jugé la mort de P. Clodius
tanti,	d'un si grand *prix*,
ut careret patria	qu'il se priverait de *sa* patrie
animo æquo,	d'un esprit égal (volontiers),
quum explesset	après qu'il aurait assouvi
suum odium	sa haine
sanguine inimici :	par le sang de *son* ennemi :
sive etiam voluisset	soit encore qu'il eût voulu
morte illius	par la mort de celui-là (de Clodius)
liberare patriam,	délivrer sa patrie,
virum fortem	*ils pensaient* un homme courageux
non dubitaturum,	ne devoir pas hésiter,
quin cederet legibus	qu'il ne cédât (à céder) aux lois
animo æquo,	d'un esprit égal,
quum attulisset	après qu'il avait apporté
salutem reipublicæ	le salut à la république
suo periculo,	par son propre péril,
auferret secum	emportât avec lui
gloriam sempiternam,	une gloire éternelle,
relinqueret nobis fruenda	abandonnât à nous pour-en-jouir
hæc, quæ ipse	ces *biens*, que lui-même
servasset.	il avait conservés.

Catilinam atque illa portenta loquebantur[1] : erumpet, occupabit aliquem locum, bellum patriæ faciet. Miseros interdum cives optime de republica meritos! in quibus homines non modo res præclarissimas obliviscuntur, sed etiam nefarias suspicantur. Ergo illa falsa fuerunt : quæ certe vera exstitissent, si Milo admisisset aliquid, quod non posset honeste vereque defendere.

XXIV. Quid? quæ postea sunt in eum congesta, quæ quemvis etiam mediocrium delictorum conscientia perculissent, ut sustinuit, dii immortales! Sustinuit? immo vero, ut contemsit, ac pro nihilo putavit! quæ neque maximo animo nocens, neque innocens, nisi fortissimus vir, negligere potuisset. Scutorum, gladiorum, frenorum, sparorum pilorumque etiam multitudo deprehendi posse indicabatur. Nullum in urbe vicum, nullum angiportum esse dicebant, in quo Miloni non esset conducta

servés. Quelques-uns même parlaient de Catilina et de ses affreux complots. Il éclatera, disait-on; il s'emparera de quelque place; il fera la guerre à la patrie. Ah! que les hommes qui ont le mieux mérité de l'État sont quelquefois à plaindre! C'est peu qu'on oublie leurs actions les plus glorieuses : on leur suppose même des projets criminels. L'événement a démenti tous ces bruits : il les aurait justifiés, si Milon avait en rien blessé l'honneur et la justice.

XXIV. Et depuis, quelles imputations accumulées contre lui! elles auraient suffi pour remplir d'effroi quiconque aurait eu à se reprocher la faute la plus légère. Grands dieux! quelle fermeté, ou plutôt quel mépris il leur a opposé! Le coupable le plus audacieux, l'homme le plus innocent, s'il n'eût été en même temps le plus intrépide, n'aurait pu conserver sa tranquillité. On parlait d'un amas de boucliers, d'épées, de harnais, de dards, de javelots; on désignait les lieux. Il n'était pas un seul quartier, un seul coin dans Rome, où Milon n'eût loué une maison. Des armes avaient été transportées

Multi etiam	Beaucoup aussi
loquebantur Catilinam	parlaient de Catilina
atque illa portenta :	et de ces monstrueux attentats :
erumpet,	il éclatera,
occupabit aliquem locum,	il s'emparera de quelque poste
faciet bellum patriæ.	il fera la guerre à la patrie.
Miseros interdum	Malheureux quelquefois
cives meritos optime	les citoyens qui ont mérité le mieux
de republica!	de la république!
in quibus homines	*eux* dans lesquels les hommes
non modo obliviscuntur	non-seulement oublient
res præclarissimas,	les actions les plus glorieuses,
sed etiam	mais encore
suspicantur nefarias.	*en* soupçonnent de criminelles.
Ergo illa fuerunt falsa :	Donc ces *bruits* ont été faux :
quæ certe	lesquels certainement
exstitissent vera,	se seraient montrés vrais,
si Milo admisisset aliquid,	si Milon avait eu commis quelque *action*,
quod non posset defendere	qu'il ne pût défendre
honeste vereque.	honorablement et avec-vérité.

XXIV. Quid?   XXIV. *Mais* quoi?

quæ postea	*les calomnies* qui après-cela
sunt congesta in eum,	ont été accumulées contre lui,
quæ perculissent	qui auraient accablé
quemvis	un *homme* quelconque
etiam conscientia	même par la conscience
delictorum mediocrium,	de fautes légères,
ut sustinuit,	comme il *les* a supportées,
dii immortales!	dieux immortels!
Sustinuit?	il *les* a supportées?
immo vero, ut contemsit,	bien plutôt, comme il *les* a méprisées,
ac putavit pro nihilo!	et *les* a estimées comme rien!
quæ neque nocens	lesquelles *calomnies* ni un coupable
maximo animo,	avec le plus grand courage ,
neque innocens,	ni un innocent,
nisi vir fortissimus,	si *ce* n'*eût été* un homme très-courageux,
potuisset negligere.	n'aurait pu dédaigner.
Etiam multitudo scutorum,	Même une multitude de boucliers,
gladiorum, frenorum,	d'épées, de harnais,
sparorum pilorumque,	de dards et de javelots,
indicabatur	était désignée
posse deprehendi.	pouvoir être saisie.
Dicebant nullum vicum,	Ils disaient aucune rue,
nullum angiportum	aucune ruelle
esse in urbe,	n'être dans la ville,
in quo non esset Miloni	dans laquelle ne fût pas à Milon
domus conducta;	une maison louée;

domus; arma in villam Ocriculanam¹ devecta Tiberi; domum
in clivo Capitolino scutis refertam; plena omnia malleolorum ad
urbis incendia comparatorum. Hæc non delata solum, sed
pæne credita; nec ante repudiata sunt, quam quæsita.

Laudabam equidem incredibilem diligentiam Cn. Pompeii:
sed dicam, ut sentio, judices. Nimis multa audire* coguntur,
neque aliter facere possunt ii, quibus tota commissa est respublica. Quin etiam fuerit audiendus popa² Licinius, nescio quis,
de circo maximo³ : servos Milonis apud se ebrios factos, sibi
confessos esse, de interficiendo Cn. Pompeio conjurasse; deinde
postea se gladio percussum esse ab uno de illis, ne indicaret.
Pompeio in hortos nuntiavit. Arcessor in primis. De amicorum
sententia, rem defert ad senatum. Non poteram, in illius mei
patriæque custodis tanta suspicione, non metu exanimari : sed

par le Tibre à sa campagne d'Ocriculum; sa maison, à la descente
du Capitole, était pleine de boucliers; tout était rempli de torches
incendiaires. Ces calomnies ont été répandues; elles ont été accré-
ditées; on ne les a rejetées enfin qu'après avoir fait les plus exactes
perquisitions.

Je louais l'activité incroyable de Pompée : mais je dirai, juges,
ce que je pense. Ceux à qui l'on a confié le soin de la république
sont obligés sans doute de prêter l'oreille à de vains discours. Mais
qu'il ait fallu écouter un homme de la lie du peuple, un je ne sais
quel Licinius établi dans le grand cirque! Il racontait que des esclaves de Milon, s'étant enivrés dans sa maison, lui avaient confié
qu'ils devaient tuer Pompée; il ajoutait qu'un d'eux l'avait frappé
de son épée, dans la crainte qu'il ne les dénonçât. Il courut aux jardins de Pompée faire sa déclaration. Celui-ci m'appela sur-le-champ;
et par le conseil de ses amis, il en fit son rapport au sénat. Je ne
pouvais qu'être glacé d'effroi, en voyant le magistrat chargé de veiller
au salut de la patrie et à ma propre sûreté, agité par ces horribles
soupçons. Cependant j'étais étonné qu'on en crût un homme de cet

arma	des armes
devecta Tiberi	*avoir été* transportées par le Tibre
in villam Ocriculanam,	à *sa* villa d'-Ocriculum ;
domum in clivo Capitolino	sa maison à la descente du-Capitole
refertam scutis ;	*avoir été* remplie de boucliers ;
omnia plena malleolorum	tout *être* plein de projectiles
comparatorum	apprêtés
ad incendia urbis.	pour l'incendie de la ville.
Hæc non solum delata,	Ces choses *ont été* non-seulement dénon-
sed pæne credita ;	mais presque crues ; [cées,
nec sunt repudiata	et elles n'ont pas été rejetées
ante, quam quæsita.	avant qu'*elles aient été* recherchées.
Laudabam equidem	Je louais sans doute
diligentiam incredibilem	l'activité incroyable
Cn. Pompeii :	de Cn. Pompée :
sed dicam, judices,	mais je parlerai, juges,
ut sentio.	comme je pense.
Ii, quibus respublica	Ceux à qui la république
est commissa tota,	a été confiée tout entière,
coguntur audire	sont forcés d'écouter
nimis multa,	de trop nombreux *rapports*,
neque possunt facere aliter.	et ils ne peuvent faire autrement.
Quin etiam popa Licinius,	Bien plus le victimaire Licinius,
nescio quis,	je ne sais qui,
de maximo circo,	du grand cirque,
fuerit audiendus :	a dû être entendu :
servos Milonis	*il disait* les esclaves de Milon
factos ebrios apud se,	devenus ivres chez lui,
esse confessos sibi,	avoir avoué à lui,
conjurasse	*eux* avoir formé-une-conjuration
de interficiendo	pour tuer
Cn. Pompeio ;	Cn. Pompée ;
deinde postea	ensuite après-cela
se esse percussum gladio	lui avoir été frappé d'un glaive
ab uno de illis,	par l'un d'eux,
ne indicaret.	de peur qu'il ne révélât *le complot*.
Nuntiavit Pompeio	Il vint-dénoncer *le fait* à Pompée
in hortos.	dans *ses* jardins.
Arcessor in primis.	Je suis mandé dans les premiers.
De sententia amicorum,	D'après l'avis de *ses* amis,
defert rem ad senatum.	il porte la chose au sénat.
Non poteram,	Je ne pouvais pas,
in tanta suspicione	au milieu d'un si grand soupçon
illius custodis mei	de ce gardien de-moi
patriæque,	et de la patrie,
non exanimari metu :	ne pas être consterné par la crainte :
sed mirabar tamen,	mais je m'étonnais cependant,

mirabar tamen, credi popæ; ebriosorum confessionem servorum audiri; vulnus in latere, quod acu punctum videretur,
pro ictu gladiatoris probari.

Verum, ut intelligo, cavebat magis Pompeius, quam timebat,
non ea solum, quæ timenda erant, sed omnino omnia, ne aliquid vos timeretis. Oppugnata domus C. Cæsaris [1], clarissimi et
fortissimi viri, per multas noctis horas nuntiabatur. Nemo au-
dierat tam celebri loco [2], nemo senserat. Tamen audiebatur.
Non poteram Cn. Pompeium, præstantissima virtute virum,
timidum suspicari : diligentiam, tota republica suscepta, ni-
miam nullam putabam. Frequentissimo senatu nuper in Capi-
tolio, senator inventus est, qui Milonem cum telo esse diceret.
Nudavit se in sanctissimo templo, quoniam vita talis et civis et
viri fidem non faciebat, nisi, eo tacente, res ipsa loqueretur.

état, qu'on écoutât les propos d'esclaves pleins de vin, et qu'on prît
une piqûre d'aiguille pour un coup d'épée donné par un gladiateur.

Il est évident que Pompée ne craignait rien, mais que, pour as
surer votre tranquillité, il se précautionnait contre l'apparence même
du danger. On annonçait que la maison de César avait été assiégée
plusieurs heures de la nuit. Nul, dans un quartier aussi fréquenté,
n'avait rien entendu, nul n'avait rien aperçu. Cependant on écoutait
ces rapports. Je connaissais trop bien le courage de Pompée pour
l'accuser de timidité, et je pensais que chargé du soin de la répu
blique entière, il ne pouvait prendre trop de précautions. Ces jours
derniers, dans une assemblée nombreuse au Capitole, un sénateur
osa dire que Milon avait des armes sous sa toge; Milon, sans répondre un seul mot, se dépouilla dans ce temple auguste, afin que les
faits parlassent eux-mêmes, puisque la conduite d'un citoyen et d'un
homme tel que lui ne le garantissait pas d'un tel soupçon.

credi popæ ;	être-ajouté-foi à un victimaire ;
confessionem	l'aveu
servorum ebriosorum	d'esclaves ivres
audiri ;	être écouté ;
vulnus in latere,	une blessure au côté,
quod videretur punctum	qui paraissait *avoir été* piquée
acu,	avec une aiguille,
probari pro ictu	être reconnue (prise) pour le coup
gladiatoris.	d'un gladiateur.
Verum, ut intelligo,	Mais, comme je *le* comprends,
Pompeius cavebat,	Pompée se précautionnait,
magis quam timebat,	plutôt qu'il *ne* craignait,
non ea solum,	non contre ces choses seulement,
quæ erant timenda,	qui étaient à-craindre,
sed omnino omnia,	mais absolument contre toutes,
ne vos timeretis aliquid.	afin que vous ne craigniez pas quelque *mal.*
Domus C. Cæsaris,	La maison de C. César,
viri clarissimi	homme très-illustre
et fortissimi,	et très-courageux,
nuntiabatur oppugnata	était annoncée ayant été assiégée
per multas horas noctis.	pendant plusieurs heures de la nuit.
Nemo audierat	Personne ne *l'*avait entendu
loco tam celebri,	dans un lieu si fréquenté,
nemo senserat.	personne ne s'*en* était aperçu.
Tamen audiebatur.	Cependant *le rapport* était écouté.
Non poteram	Je ne pouvais pas
suspicari timidum	soupçonner timide (de timidité)
Cn. Pompeium,	Cn. Pompée,
virum virtute	homme d'un courage
præstantissima :	très-supérieur :
putabam	je pensais
nullam diligentiam	aucune activité
nimiam,	*n'être* excessive,
tota republica	toute la république
suscepta.	ayant été entreprise (acceptée).
Nuper senatu	Dernièrement le sénat
frequentissimo in Capitolio,	*étant* très-nombreux au Capitole,
senator est inventus,	un sénateur s'est trouvé,
qui diceret Milonem	qui disait Milon
esse cum telo.	être avec une arme.
Se nudavit	Il se dépouilla
in templo sanctissimo,	dans *ce* temple très-saint,
quoniam vita	puisque la vie
talis et civis et viri	d'un tel citoyen et *d'un tel* homme
non faciebat fidem,	ne faisait pas foi,
nisi, eo tacente,	à moins que, lui se taisant,
res ipsa loqueretur.	le fait lui-même *ne* parlât.

XXV. Omnia falsa atque insidiose ficta comperta sunt. Quod si tamen metuitur etiam nunc Milo, non hoc jam Clodianum crimen timemus, sed tuas, Cn. Pompei (te enim jam appello ¹ ea voce, ut me audire possis), tuas, tuas, inquam, suspiciones perhorrescimus. Si Milonem times, si hunc de tua vita nefarie aut nunc cogitare, aut molitum aliquando aliquid putas; si Italiæ delectus, ut nonnulli conquisitores tui dictitant, si hæc arma, si Capitolinæ cohortes, si excubiæ, si vigiliæ, si delecta juventus, quæ tuum corpus domumque custodit, contra Milonis impetum armata est, atque illa omnia in hunc unum instituta, parata, intenta sunt : magna in hoc certe vis, et incredibilis animus, et non unius viri vires atque opes indicantur, si quidem in hunc unum et præstantissimus dux electus, et tota respublica armata est.

XXV. Tout s'est trouvé faux, et les mensonges de la méchanceté ont été reconnus. Si cependant on le redoute encore, ce n'est plus le meurtre de Clodius, ce sont vos soupçons; oui, Pompée, j'élève la voix, pour que vous puissiez m'entendre; oui, vos soupçons seuls nous font trembler. Si vous craignez Milon, si vous pensez qu'il médite quelque projet contre vous, ou qu'il ait jamais attenté à vos jours ; si, comme le publient vos officiers, les levées qu'on fait dans l'Italie, si les troupes qui nous environnent, si les cohortes postées dans le Capitole, si les gardes et les sentinelles, si l'élite de la jeunesse qui veille autour de votre personne et de votre demeure, sont armés contre Milon, si toutes ces précautions ont été prises, établies, dirigées contre lui seul : assurément faire choix du plus grand des généraux, arm.er la république entière pour résister au seul Milon, c'est reconnaître en lui une force extraordinaire, c'est lui supposer plus de moyens et de ressources qu'un seul homme n'en peut avoir.

XXV. Omnia
sunt comperta falsa
atque ficta insidiose.
Quod si tamen
Milo metuitur
etiam nunc,
non jam timemus
hoc crimen Clodianum,
sed perhorrescimus
tuas suspiciones,
Cn. Pompei
(jam enim te appello
ea voce,
ut possis me audire),
tuas, tuas, inquam.
Si times Milonem,
si putas hunc
aut cogitare nunc nefarie
de tua vita,
aut molitum aliquando
aliquid;
si delectus Italiæ,
ut nonnulli
tui conquisitores
dictitant,
si hæc arma,
si cohortes Capitolinæ,
si excubiæ,
si vigiliæ,
si juventus delecta,
quæ custodit tuum corpus
domumque,
est armata
contra impetum Milonis,
atque illa omnia
sunt instituta, parata,
intenta in hunc unum :
certe magna vis,
et animus incredibilis,
et vires atque opes
non unius viri
indicantur in hoc,
si quidem
et dux præstantissimus
est delectus,
et tota respublica armata
in hunc unum.

XXV. Toutes *les accusations*
ont été trouvées fausses
et forgées perfidement.
Que si cependant
Milon est craint
même maintenant,
nous ne craignons déjà plus
cette accusation qui-regarde-Clodius,
mais nous redoutons
tes soupçons,
Cn. Pompée
(car déjà je t'interpelle
de cette voix,
afin que tu puisses m'entendre),
tes *soupçons*, tes *soupçons*, dis-je.
Si tu crains Milon,
si tu penses lui
ou méditer maintenant criminellement
au sujet de ta vie,
ou avoir tenté quelque jour
quelque chose *contre ta vie;*
si les levées de l'Italie,
comme plusieurs
de tes enrôleurs
le disent-fréquemment,
si ces armes,
si les cohortes du-Capitole,
si les gardes,
si les sentinelles,
si la jeunesse choisie,
qui garde ta personne
et ta maison,
a été armée
contre l'attaque de Milon,
et si toutes ces *mesures*
ont été établies, préparées,
dirigées contre lui seul:
assurément une grande énergie,
et une audace incroyable,
et des forces et des ressources
qui ne *sont* pas *celles* d'un seul homme
sont dénoncées en lui,
si toutefois
et le général le plus distingué
a été choisi,
et toute la république armée
contre lui seul.

Sed quis non intelligit, omnes tibi reipublicæ partes, ægras et labantes, ut eas his armis sanares et confirmares , esse commissas ? Quod si Milonis locus datus esset[1], probasset profecto tibi ipsi, neminem unquam hominem homini cariorem fuisse, quam te sibi : nullum se unquam periculum pro tua dignitate fugisse : cum illa ipsa teterrima peste sæpissime pro tua gloria contendisse : tribunatum suum ad salutem meam quæ tibi carissima fuisset, consiliis tuis gubernatum : se a te postea defensum in periculo capitis [2], adjutum in petitione præturæ : duos se habere semper amicissimos sperasse ; te tuo beneficio, me suo. Quæ si non probaret; si tibi ita penitus inhæsisset ista suspicio, nullo ut evelli modo posset; si denique Italia a delectu, urbs ab armis, sine Milonis clade, nunquam esset

Mais qui ne voit que toutes les forces de l'État ont été remises en vos mains, pour vous donner les moyens de raffermir la république ébranlée et chancelante ? Milon, si vous eussiez voulu l'entendre, vous aurait démontré que jamais on n'eut plus d'affection pour aucun mortel qu'il n'en a conçu pour vous; qu'il a bravé mille dangers pour les intérêts de votre gloire; que souvent, pour la soutenir, il a combattu contre ce monstre exécrable; que tout son tribunat a été dirigé par vos conseils vers mon rappel que vous désiriez avec ardeur; que, depuis mon retour, vous l'avez défendu dans une cause capitale, et secondé dans la demande de la préture; qu'il espérait avoir en nous deux amis attachés à lui pour jamais, vous par votre bienfait, moi par le sien. S'il n'avait pas réussi à vous persuader, si rien n'avait pu détruire ce soupçon trop profondément gravé dans votre âme; si enfin, pour désarmer Rome et faire cesser les levées dans l'Italie, il eût fallu que Milon fût sacrifié, n'en doutons pas,

Sed quis non intelligit,	Mais qui ne comprend,
omnes partes reipublicæ,	toutes les parties de la république,
ægras et labantes,	malades et chancelantes,
esse commissas tibi,	avoir été confiées à toi,
ut eas sanares	afin que tu les guérisses
et confirmares	et que tu *les* raffermisses
his armis?	au moyen de ces armes?
Quod si locus	Que si l'occasion
esset datus Miloni,	avait été donnée à Milon,
probasset profecto	il eût prouvé assurément
tibi ipsi,	à toi-même,
neminem hominem	aucun homme
unquam	jamais
fuisse cariorem homini,	*n*'avoir été plus cher à un homme,
quam te sibi :	que toi à lui;
se fugisse	*lui* n'avoir évité
nullum periculum unquam	aucun péril jamais
pro tua dignitate :	pour ta dignité :
contendisse sæpissime	avoir lutté très-souvent
cum illa peste ipsa	avec ce fléau même
teterrima	très-abominable (avec Clodius)
pro tua gloria :	pour ta gloire :
suum tribunatum	son tribunat
gubernatum	*avoir été* dirigé
tuis consiliis	par tes conseils
ad meam salutem,	en vue de mon salut,
quæ fuisset	qui avait été
carissima tibi :	très-cher à toi :
se postea defensum a te	lui ensuite *avoir été* défendu par toi
in periculo capitis,	dans un danger de *sa* tête (une accusation
adjutum	aidé *par toi* [capitale)
in petitione præturæ :	dans la brigue de la préture :
sperasse	avoir espéré
se habere semper duos	lui avoir toujours deux *hommes*
amicissimos;	très-amis;
te tuo beneficio, me suo.	toi par ton bienfait, moi par le sien.
Quæ si non probaret;	S'il ne *t*'avait pas prouvé cela;
si ista suspicio	si ce soupçon
inhæsisset tibi	était resté-attaché à toi
ita penitus,	si profondément,
ut posset evelli	qu'il *ne* pût être arraché
nullo modo;	d'aucune façon;
si denique Italia	si enfin l'Italie
nunquam esset conquietura	n'avait jamais dû se reposer
a delectu,	de la levée,
urbs ab armis,	*ni* la ville des armes,
sine clade Milonis :	sans le malheur de Milon :

conquietura : næ iste haud dubitans cessisset patria, is, qui ita natus est, et ita consuevit; te, Magne, tamen antestaretur, quod nunc etiam facit.

XXVI. Vide, quam sit varia vitæ commutabilisque ratio, quam vaga volubilisque fortuna, quantæ infidelitates in amicis, quam ad tempus aptæ simulationes, quantæ in periculis fugæ proximorum, quantæ timiditates. Erit, erit illud profecto tempus, et illucescet aliquando ille dies, quum tu, salvis, ut spero, rebus tuis, sed fortasse motu aliquo communium temporum immutatis (qui quam crebro accidat, experti debemus scire), et amicissimi benevolentiam, et gravissimi hominis fidem, et unius post homines natos fortissimi viri magnitudinem animi desideres.

Quanquam quis hoc credat, Cn. Pŏmpeium, juris publici, moris majorum, rei denique publicæ peritissimum, quum sena-

il se serait exilé volontairement; son caractère et sa conduite en sont de sûrs garants : toutefois, en s'éloignant, il vous aurait pris à témoin de ses sentiments, comme il le fait aujourd'hui.

XXVI. Considérez, ô grand Pompée, à quelles variations la vie est sujette; quelle est l'inconstance et la légèreté de la fortune; quelles infidélités on éprouve de la part de ses amis; combien de perfides savent s'accommoder aux circonstances, combien nos parents mêmes sont timides, et prompts à nous abandonner dans les dangers. J'espère que rien ne détruira votre prospérité; mais enfin un temps peut venir, oui, Pompée, un jour peut arriver, où par l'effet de quelqu'une de ces révolutions si communes dans le cours des choses humaines, vous aurez à regretter l'absence de l'ami le plus ardent, de l'homme le plus ferme, et du citoyen le plus généreux que les siècles aient jamais produit.

Eh! qui croira jamais que Pompée, connaissant si bien le droit public, les usages de nos ancêtres, les intérêts de l'État, chargé par

næ haud dubitans
iste cessisset patria ,
is, qui est natus ita,
et consuevit ita ;
te antestaretur tamen,
Magne,
quod facit etiam nunc.
XXVI. Vide,
quam ratio vitæ
sit varia commutabilisque,
quam fortuna
vaga volubilisque,
quantæ infidelitates
in amicis ,
quam simulationes
aptæ ad tempus,
quantæ fugæ proximorum
in periculis,
quantæ timiditates.
Erit, erit profecto
illud tempus,
et ille dies illucescet
aliquando,
quum, tuis rebus salvis,
ut spero,
sed immutatis fortasse
aliquo motu
temporum communium
(qui quam crebro accidat,
debemus scire
experti),
tu desideres
et benevolentiam
amicissimi,
et fidem
hominis gravissimi ,
et magnitudinem animi
viri fortissimi
unius post homines natos.
Quanquam
quis credat hoc,
Cn. Pompeium,
peritissimum
juris publici,
moris majorum,
denique reipublicæ,
quum senatus

assurément n'hésitant pas
il serait sorti de *sa* patrie,
lui qui est né ainsi (avec ce caractère),
et qui a coutume *d'agir* ainsi ;
il t'aurait-pris-à-témoin cependant,
Grand *Pompée*,
ce qu'il fait même maintenant.
XXVI. Vois,
combien la disposition de la vie
est diverse et changeante ,
combien la fortune
est inconstante et mobile ,
combien d'infidélités
chez les amis,
combien de faux-dehors
accommodés à la circonstance ,
quelles désertions des proches
dans les dangers,
quelles faiblesses.
Il sera, il sera assurément
ce temps ,
et ce jour luira
une fois , ,
lorsque , ta position *étant* conservée,
comme je *l'*espère ,
mais étant changée peut-être
par quelque mouvement
des circonstances communes
(lequel combien souvent il arrive ,
nous devons *le* savoir
*l'*ayant éprouvé) ,
tu pourras regretter
et le dévouement
d'un *homme* très-ami ,
et la loyauté
de l'homme le plus ferme ,
et la grandeur d'âme
d'un homme très-courageux
unique depuis les hommes nés.
Cependant
qui pourrait-croire ceci ,
Cn. Pompée ,
qui est très-instruit
du droit public,
de la coutume de *nos* ancêtres ,
enfin de l'intérêt-public,
lorsque le sénat

tus ei commiserit, ut videret, NE QUID RESPUBLICA DETRIMENTI CAPERET; quo uno versiculo satis armati semper consules fuerunt[1], etiam nullis armis datis; hunc exercitu, hunc delectu dato, judicium exspectaturum fuisse in ejus consiliis vindicandis, qui vel judicia ipsa tolleret? Satis judicatum est a Pompeio, satis, falso ista conferri in Milonem : qui legem tulit, qua, ut ego sentio, Milonem absolvi a vobis oporteret; ut omnes confitentur, liceret.

Quod vero in illo loco, atque illis publicorum præsidiorum copiis circumfusus sedet, satis declarat, se non terrorem inferre vobis (quid·enim illo minus dignum, quam cogere, ut vos eum condemnetis, in quem animadvertere ipse, et more majorum, et suo jure posset?), sed præsidio esse : ut intelliga

---

le sénat de veiller *à ce que la chose publique ne souffre aucun dommage*, espèce de formule qui seule, et même sans le secours des armes, donna toujours assez de force aux consuls; qui croira, dis-je, que Pompée, ayant une armée à ses ordres, avec le droit de lever des troupes, aurait attendu l'arrêt des juges, pour punir un homme qui aurait voulu anéantir les tribunaux mêmes? Il a fait assez voir ce qu'il pensait de tout ce qu'on impute à Milon, quand il a porté une loi qui, selon moi, vous fait un devoir, ou qui du moins, de l'aveu de tous, vous donne le droit de l'absoudre.

S'il se montre dans le poste où vous le voyez, entouré de la force publique, ce n'est pas qu'il cherche à vous intimider: il serait indigne de lui de vous contraindre à condamner un homme que l'exemple de nos ancêtres et le pouvoir dont il est revêtu l'autorisaient à punir lui-même. Il vient vous prêter son appui, et vous

commiserit ei,	avait-donné-commission à lui,
ut videret,	qu'il veillât,
NE RESPUBLICA	AFIN QUE LA RÉPUBLIQUE
CAPERET	NE REÇUT PAS
QUID DETRIMENTI ;	QUELQUE DOMMAGE ;
quo versiculo uno	par laquelle formule seule
consules fuerunt semper	les consuls ont été toujours
satis armati,	assez armés,
etiam nullis armis	même aucunes armes
datis ;	*ne leur* ayant été données ;
hunc,	celui-ci (Pompée),
exercitu dato,	une armée *lui* ayant été donnée,
hunc,	celui-ci (Pompée),
delectu,	une levée *lui ayant été donnée*,
fuisse exspectaturum	avoir dû attendre
judicium	un jugement
in vindicandis	pour punir
consiliis ejus,	les desseins de cet *homme*,
qui tolleret	qui aurait supprimé
vel judicia ipsa ?	jusqu'aux tribunaux eux-mêmes ?
Est judicatum satis,	Il a été jugé suffisamment,
satis, a Pompeio,	*oui* suffisamment, par Pompée,
ista	ces accusations
conferri falso	être accumulées faussement
in Milonem :	contre Milon :
qui tulit legem,	*lui* (Pompée) qui a porté une loi,
qua, ut ego sentio,	d'après laquelle, comme je *le* pense,
oporteret Milonem	il fallait Milon
absolvi a vobis ;	être absous par vous ;
liceret,	*ou* il vous était permis *du moins de l'absou-*
ut omnes confitentur.	comme tous *le* confessent. [*dre*,
Quod vero sedet	Mais de ce qu'il siége
in illo loco,	dans ce lieu,
atque circumfusus	et entouré
illis copiis	de ce grand-nombre
præsidiorum publicorum,	de gardes publiques,
declarat satis,	il témoigne assez,
se non inferre vobis	lui ne pas apporter à vous
terrorem	la crainte
(quid enim	(quoi en effet
minus dignum illo,	de moins digne de lui,
quam cogere,	que de forcer,
ut vos condemnetis eum,	que vous condamniez cet *homme*,
in quem ipse	contre lequel lui-même
posset animadvertere,	il pouvait sévir,
et more majorum,	et d'après la coutume de *nos* ancêtres,
et suo jure ?),	et d'après son propre droit ?),

tis, contra hesternam concionem illam [1], licere vobis, quod sentiatis, libere judicare.

XXVII. Nec vero me, judices, Clodianum crimen movet [2] ; nec tam sum demens, tamque vestri sensus ignarus atque expers, ut nesciam, quid de morte Clodii sentiatis. De qua, si jam nollem ita diluere crimen, ut dilui, tamen impune Miloni palam clamare atque mentiri gloriose liceret : Occidi, occidi, non Sp. Melium, qui, annona levanda, jacturisque rei familiaris, quia nimis amplecti plebem putabatur, in suspicionem incidit regni appetendi : non Tib. Gracchum [3], qui collegæ magistratum per seditionem abrogavit; quorum interfectores implerunt orbem terrarum nominis sui gloria : sed eum (auderet enim dicere, quum patriam periculo suo liberasset), cujus nefandum adulterium [4] in pulvinaribus sanctissimis nobilissimæ feminæ.

faire connaître que, malgré la harangue d'hier, vous pouvez énoncer librement le vœu de votre conscience.

XXVII. Au reste, cette accusation n'a rien qui m'effraie. Je ne suis ni assez dépourvu de raison, ni assez peu instruit de vos sentiments, pour ignorer ce que vous pensez de la mort de Clodius. Si je n'avais pas voulu justifier Milon, comme je viens de le faire, il pourrait impunément se glorifier d'une action qu'il n'a pas faite, et s'écrier : Romains, j'ai tué, non pas Sp. Mélius, qui fut soupçonné d'aspirer à la royauté, parce qu'il semblait, en abaissant le prix du blé aux dépens de sa fortune, rechercher avec trop de soin la faveur de la multitude; non pas Tib. Gracchus, qui excita une sédition pour destituer son collègue : ceux qui leur ont donné la mort ont rempli le monde entier de la gloire de leur nom. Mais j'ai tué, car il ne craindrait pas de le dire après avoir sauvé la patrie au péril de ses jours, j'ai tué l'homme que nos Romaines les plus illustres ont sur-

sed esse præsidio : | mais être à appui *à vous* (vous protéger) :
ut intelligatis, | afin que vous compreniez,
licere vobis, | être permis à vous,
contra illam concionem | malgré cette assemblée
hesternam, | d'-hier,
judicare libere, | de juger librement,
quod sentiatis. | *selon* ce que vous pensez.

XXVII. Nec vero, judices, | XXVII. Et assurément, juges,
crimen Clodianum | l'accusation qui-se-rapporte-à-Clodius
me movet : | ne m'effraie point :
nec sum tam demens, | et je ne suis pas si insensé,
tamque ignarus | et si ignorant
atque expers | et mal-instruit
vestri sensus, | de votre sentiment,
ut nesciam, | que je ne sache pas,
quid sentiatis | ce que vous pensez
de morte Clodii. | de la mort de Clodius.
De qua, | Au sujet de laquelle,
si jam nollem | si désormais je ne voulais pas
diluere crimen ita, | détruire l'accusation ainsi,
ut dilui, | comme je *l'ai* détruite,
tamen liceret Miloni | cependant il serait permis à Milon
clamare palam | de crier publiquement
atque mentiri gloriose : | et de mentir glorieusement :
Occidi, occidi, | J'ai tué, j'ai tué,
non Sp. Melium, | non pas Sp. Mélius,
qui, levanda annona, | qui, en diminuant *le prix des* denrées,
jacturisque rei familiaris, | et par le sacrifice de *son* bien de-famille
quia putabatur | parce qu'il était pensé
amplecti nimis plebem, | courtiser trop le peuple,
incidit in suspicionem | tomba en suspicion
appetendi regni ; | de convoiter la royauté ;
non Tib. Gracchum, | non pas Tib. Gracchus,
qui abrogavit | qui annula
per seditionem | au moyen d'une sédition
magistratum collegæ ; | la magistrature de *son* collègue ;
quorum interfectores | desquels les meurtriers
implerunt orbem terrarum | ont rempli le globe des terres (terrestre)
gloria sui nominis : | de la gloire de leur nom :
sed eum | mais celui-là
(auderet enim dicere, | (car il oserait *le* dire,
quum liberasset patriam | après qu'il aurait délivré *sa* patrie
suo periculo), | à son péril),
cujus, nobilissimæ feminæ | duquel les plus nobles femmes
comprehenderunt | ont surpris)
adulterium nefandum | l'adultère impie
in pulvinaribus | sur les coussins

comprehenderunt : eum, cujus supplicio senatus solemnes religiones expiandas sæpe censuit : eum, quem cum sorore germana nefarium stuprum fecisse L. Lucullus juratus se, quæstionibus habitis, dixit comperisse [1] : eum, qui civem, quem senatus [2], quem populus, quem omnes gentes urbis ac vitæ civium conservatorem judicarant, servorum armis exterminavit : eum, qui regna dedit, ademit [3], orbem terrarum, quibuscum voluit, partitus est [4] : eum, qui, plurimis cædibus in foro factis, singulari virtute et gloria civem [5] domum vi et armis compulit : eum, cui nihil unquam nefas fuit nec in facinore, nec in libidine : eum, qui ædem Nympharum [6] incendit, ut memoriam publicam recensionis, tabulis publicis impressam, exstingueret [7] : eum denique, cui jam nulla lex erat, nullum civile jus, nulli possessionum termini ; qui non calumnia litium, non injustis

pris en adultère sur les autels les plus sacrés ; l'homme dont le supplice pouvait seul, au jugement du sénat, expier nos mystères profanés ; l'homme que Lucullus a déclaré, sous la foi du serment, coupable d'un inceste avec sa propre sœur. J'ai tué le factieux qui, secondé par des esclaves armés, chassa de Rome un citoyen que le sénat, que le peuple romain, que toutes les nations regardaient comme le sauveur de Rome et de l'empire ; qui donnait et ravissait les royaumes ; qui distribuait l'univers au gré de ses caprices ; qui remplissait le forum de meurtres et de sang ; qui contraignit par la violence et les armes le plus grand des Romains à se renfermer dans sa maison ; qui ne connut jamais de frein ni dans le crime ni dans la débauche ; qui brûla le temple des Nymphes, afin d'anéantir les registres publics et de ne laisser aucune trace du dénombrement. Oui, Romains, celui que j'ai tué ne respectait plus ni les lois, ni les titres, ni les propriétés ; il s'emparait des possessions, non plus par des procès injustes, et par des arrêts surpris à la religion des juges,

sanctissimis :	les plus sacrés :
eum, supplicio cujus	celui-là, par le supplice duquel
senatus censuit sæpe	le sénat a opiné souvent
religiones solemnes	les mystères solennels
expiandas :	devoir être expiés :
eum, quem L. Lucullus	celui-là, que L. Lucullus
juratus,	ayant prêté-serment,
quæstionibus habitis,	des enquêtes ayant été faites,
dixit se comperisse,	a dit lui (Lucullus) avoir découvert,
fecisse stuprum nefarium	avoir commis un adultère impie
cum sorore germana :	avec *sa* sœur germaine :
eum, qui exterminavit	celui-là, qui a expulsé
armis servorum	par les armes de *ses* esclaves
civem, quem senatus,	un citoyen, que le sénat,
quem populus,	que le peuple,
quem omnes gentes	que toutes les nations
judicabant conservatorem	jugeaient *être* le sauveur
urbis ac vitæ civium :	de la ville et de la vie des citoyens ;
eum, qui dedit,	celui-là, qui a donné,
ademit regna,	a ôté des royaumes,
est partitus orbem terrarum	a partagé le globe terrestre
quibuscum voluit :	*avec ceux* avec lesquels il a voulu :
eum, qui,	celui-là, qui,
cædibus plurimis	des meurtres très-nombreux
factis in foro,	ayant été commis dans le forum,
compulit domum	repoussa dans *sa* maison
vi et armis	par la violence et les armes
civem virtute et gloria	un citoyen d'un courage et d'une gloire
singulari :	unique :
eum, cui nihil unquam	celui-là, pour qui rien jamais
fuit nefas,	n'a été illicite,
nec in facinore,	ni dans le crime,
nec in libidine :	ni dans la débauche :
eum, qui incendit	celui-là, qui a incendié
ædem Nympharum,	le temple des Nymphes,
ut exstingueret	pour qu'il anéantît
memoriam publicam	le souvenir public
recensionis,	du recensement,
impressam tabulis publicis :	gravé-sur les tables publiques ;
eum denique,	celui-là enfin,
cui erat jam nulla lex,	pour qui il n'y avait plus aucune loi,
nullum jus civile,	aucun droit civil,
nulli termini	aucunes bornes
possessionum ;	de propriétés ;
qui petebat fundos alienos,	qui attaquait les domaines d'autrui,
non calumnia litium,	non par la chicane des procès,
non vindiciis	non par des réclamations

vindiciis ac sacramentis alienos fundos, sed castris, exercitu, signis inferendis petebat; qui non solum Etruscos [1] (eos enim penitus contemserat), sed hunc Q. Varium [2], virum fortissimum atque optimum civem, judicem nostrum, pellere possessionibus, armis castrisque conatus est; qui cum architectis et decempedis villas multorum hortosque peragrabat; qui Janiculo et Alpibus spem possessionum terminabat suarum; qui, quum ab equite romano splendidissimo et forti viro, T. Pacuvio, non impetrasset, ut insulam in lacu Prelio [3] venderet, repente lintribus in eam insulam materiam, calcem, cæmenta, arma convexit, dominoque trans ripam inspectante, non dubitavit ædificium exstruere in alieno; qui huic T. Furfanio [4], cui viro? dii immortales! (quid enim ego de muliercula Scantia? quid de adolescente Aponio dicam? quorum utrique mortem est mini-

mais par la force, marchant avec des soldats, enseignes déployées; à la tête de ses troupes, il essaya de chasser de leurs biens, je ne dirai pas les Étrusques, objet de ses mépris, mais Q. Varius lui-même, ce citoyen respectable, assis parmi nos juges; il parcourait les campagnes et les jardins, suivi d'architectes et d'arpenteurs; dans l'ivresse de ses espérances, il n'assignait d'autres bornes à ses domaines que le Janicule et les Alpes. T. Pacuvius, chevalier romain, avait refusé de lui vendre une île sur le lac Prélius; aussitôt il y fit transporter des matériaux et des instruments, et sous les yeux du propriétaire, qui le regardait de l'autre bord, il éleva un édifice sur un terrain qui n'était pas à lui. Une femme, un enfant n'ont pas trouvé grâce à ses yeux : Aponius et Scantia furent menacés de

ac sacramentis injustis,
sed castris, exercitu,
inferendis signis,
qui est conatus
pellere possessionibus
armis castrisque
non solum Etruscos
(contemserat enim eos
penitus),
sed Q. Varium hunc,
virum fortissimum
atque civem optimum,
nostrum judicem;
qui peragrabat
cum architectis
et decempedis
villas hortosque
multorum;
qui terminabat
Janiculo et Alpibus
spem
suarum possessionum;
qui, quum non impetrasset
a T. Pacuvio,
equite romano
splendidissimo
et viro forti,
ut venderet insulam
in lacu Prelio,
convexit repente
in eam insulam
lintribus
materiam, calcem,
cæmenta, arma,
dominoque inspectante
trans ripam,
non dubitavit
exstruere ædificium
in alieno;
qui
T. Furfanio huic,
cui viro? dii immortales!
(quid enim ego dicam
de muliercula Scantia?
quid de adolescente Aponio?
utrique quorum
est minitatus mortem,

et des consignations injustes,
mais avec un camp, une armée,
en introduisant *ses* étendards,
qui essaya
de chasser de *ses* propriétés
avec des armes et un camp
non-seulement les Etrusques
(car il les méprisait
profondément),
mais Q. Varius que-voici,
homme très-courageux
et citoyen très-vertueux,
notre juge;
qui parcourait
avec des architectes
et des perches-de-dix-pieds
les villas et les jardins
de beaucoup *de citoyens;*
qui bornait
au Janicule et aux Alpes
l'espoir
de ses propriétés;
qui, comme il n'avait pas obtenu
de T. Pacuvius,
chevalier romain
très-distingué
et homme courageux,
qu'il *lui* vendît une île
dans le lac Prelium,
transporta tout à coup
dans cette île
avec des bateaux
des matériaux, de la chaux,
du ciment, des outils,
et le propriétaire regardant
de l'autre côté de la rive,
n'hésita pas
à bâtir un édifice
sur *le terrain* d'-autrui;
qui *osa dire*
à T. Furfanius que-voici,
à quel homme? dieux immortels!
(car que dirai-je
de la jeune-femme Scantia?
que *dirai-je* du jeune Aponius?
à l'un et à l'autre desquels
il a fait-des-menaces de mort,

tatus, nisi sibi hortorum possessione cessiset) sed ausus est Furfanio dicere, si sibi pecuniam, quantam poposcerat, non dedisset, mortuum se in domum ejus illaturum, qua invidia huic esset tali viro conflagrandum[1]; qui Appium fratrem[2], hominem mihi conjunctum fidissima gratia, absentem de possessione fundi dejecit; qui parietem sic per vestibulum sororis[5] instituit ducere, sic agere fundamenta, ut sororem non modo vestibulo privaret, sed omni aditu et limine.

XXVIII. Quanquam hæc quidem jam tolerabilia videbantur, etsi æquabiliter in rempublicam, in privatos, in longinquos, in propinquos, in alienos, in suos irruebat; sed, nescio quomodo, jam usu obduruerat et percalluerat civitatis incredibilis patientia. Quæ vero aderant jam, et impendebant, quonam modo ea aut depellere potuissetis, aut ferre, imperium si ille nactus

la mort, s'ils ne lui abandonnaient leurs jardins. Que dis-je? il osa déclarer à T. Furfanius, oui, à Furfanius, que, s'il ne lui donnait tout l'argent qu'il lui avait demandé, il porterait un cadavre dans sa maison, afin de jeter sur cet homme respectable tout l'odieux d'un assassinat. En l'absence de son frère Appius, un de mes plus sincères amis, il s'empara de sa terre; enfin il entreprit de bâtir un mur et d'en conduire les fondations à travers le vestibule de sa sœur, de manière qu'il aurait non-seulement interdit l'usage du vestibule, mais entièrement fermé l'entrée de la maison.

XXVIII. Cependant, quoiqu'il attaquât sans distinction la répu-blique et les individus, quoiqu'il s'élançât, de près comme de loin, sur les étrangers comme sur sa propre famille, on commençait à s'accoutumer à ses excès : la patience des citoyens semblait s'être endurcie, et l'habitude de souffrir avait produit l'insensibilité. Mais les maux qui allaient fondre sur vous, comment auriez-vous pu les détourner ou les supporter, s'il se fût trouvé maître dans Rome? Je

nisi cessisset sibi
si *l'un et l'autre* ne renonçait pour lui

possessione hortorum)
à la propriété de *ses* jardins)

sed est ausus dicere
mais il osa dire

Furfanio,
à Furfanius,

si sibi non dedisset
s'il ne lui donnait pas

pecuniam,
de l'argent,

quantam poposcerat,
autant qu'il *en* avait demandé,

se illaturum mortuum
lui devoir porter un *homme* mort

in domum ejus,
dans la maison de lui,

qua invidia
de laquelle haine

esset
il y aurait eu

conflagrandum
obligation-de-brûler (d'être l'objet)

huic tali viro ;
pour un tel homme ;

qui dejecit
qui a dépouillé

de possessione fundi
de la possession de *son* domaine

Appium fratrem,
Appius *son* frère,

hominem conjunctum mihi
homme uni à moi

gratia fidissima,
par l'accord le plus fidèle,

absentem ;
tandis qu'il était absent ;

qui instituit
qui entreprit

ducere sic parietem
de conduire de telle sorte un mur

per vestibulum sororis,
à travers le vestibule de *sa* sœur,

agere sic fundamenta,
de diriger tellement les fondations,

ut privaret sororem
qu'il privât *sa* sœur

non modo vestibulo,
non-seulement d'un vestibule,

sed omni aditu et limine.
mais de tout accès et de *tout* seuil.

XXVIII. Quanquam
XXVIII. Cependant

hæc quidem videbantur jam
ces *excès* du moins paraissaient déjà

tolerabilia,
tolérables,

etsi irruebat æquabiliter
bien qu'il fondît également

in rempublicam,
sur la république,

in privatos,
sur les particuliers,

in longinquos,
sur ceux-qui-étaient-loin,

in propinquos,
sur ceux-qui-étaient-près,

in alienos, in suos ;
sur les étrangers, sur les siens ;

sed, nescio quomodo,
mais, je ne sais comment,

patientia incredibilis
la patience incroyable

civitatis
de la cité

obduruerat jam
s'était endurcie déjà

et percalluerat
et était devenue-insensible

usu.
par l'habitude.

Quæ vero aderant jam,
Mais les *maux* qui arrivaient déjà,

et impendebant,
et *qui* étaient suspendus-sur *vous*,

quonam modo potuissetis
de quelle manière auriez-vous pu

aut ea depellere,
ou les repousser,

aut ferre,
ou *les* supporter,

si ille esset nactus
s'il avait obtenu

esset? Omitto socios, exteras nationes, reges, tetrarchas; vota enim faceretis, ut in eos se potius mitteret, quam in vestras possessiones, vestra tecta, vestras pecunias : pecunias dico? a liberis, a liberis, medius fidius [1], et a conjugibus vestris nunquam ille effrenatas suas libidines cohibuisset. Fingi hæc putatis, quæ patent? hæc, quæ nota sunt omnibus? quæ tenentur? servorum exercitus illum in urbe conscripturum fuisse, per quos totam rempublicam resque privatas omnium possideret?

Quamobrem, si cruentum gladium tenens clamaret T. Annius [2] : Adeste, quæso, atque audite, cives : P. Clodium interfeci ; ejus furores, quos nullis jam legibus, nullis judiciis frenare poteramus, hoc ferro et hac dextera a cervicibus vestris repuli ; per me ut unum, jus, æquitas, leges, libertas, pudor,

ne parle point des alliés, des nations étrangères, des princes et des rois ; car vous auriez formé des vœux pour que sa fureur s'acharnât sur eux plutôt que sur vos héritages, sur vos maisons et sur vos fortunes ; que dis-je, vos fortunes ? vos enfants, oui, vos enfants et vos femmes auraient été la proie de sa brutalité effrénée. Eh ! n'est-ce pas une vérité publique, reconnue, avouée de tous, que Clodius aurait levé dans Rome une armée d'esclaves pour envahir la république et dépouiller les citoyens ?

Si donc Milon, tenant son épée encore fumante, s'écriait : Approchez, Romains, écoutez-moi ! j'ai tué Clodius ; ses fureurs, que les lois et les tribunaux ne pouvaient plus réprimer, ce fer et ce bras les ont écartées de vos têtes ; par moi, et par moi seul, la justice, les lois, la liberté, l'innocence et les mœurs seront encore respectées

imperium ?	le pouvoir ?
Omitto socios,	Je passe-sous-silence les alliés,
nationes exteras, reges,	les nations étrangères, les rois,
tetrarchas ;	les tétrarques ;
faceretis enim vota,	car vous auriez fait des vœux,
ut se mitteret in eos	pour qu'il se lançât sur eux
potius, quam	plutôt que
in vestras possessiones,	sur vos propriétés,
vestra tecta,	vos habitations,
vestras pecunias :	votre argent :
dico pecunias ?	je dis *votre* argent ?
nunquam ille,	jamais celui-là,
medius fidius,	assurément,
cohibuisset	n'aurait contenu
suas libidines effrenatas	ses passions effrénées
a liberis,	*au point de s'abstenir* de *vos* enfants,
a liberis,	de *vos* enfants,
et a vestris conjugibus.	et de vos épouses.
Putatis hæc fingi,	Croyez-vous ces choses être imaginées,
quæ patent ?	qui sont-évidentes ?
hæc,	ces choses,
quæ sunt nota omnibus ?	qui sont connues de tous ?
quæ tenentur ?	qui sont tenues (qui sont certaines) ?
illum fuisse conscripturum	lui avoir dû enrôler
in urbe	dans la ville
exercitus servorum,	des armées d'esclaves,
per quos possideret	au moyen desquels il pût posséder
rempublicam totam	la république tout entière
resque privatas omnium ?	et les biens particuliers de tous ?
Quamobrem,	Aussi,
si T. Annius	si T. Annius
tenens gladium cruentum	tenant *son* épée sanglante
clamaret :	s'écriait :
Adeste, quæso,	Approchez, je *vous* prie,
atque audite, cives :	et écoutez, citoyens :
interfeci P. Clodium ;	j'ai tué P. Clodius ;
hoc ferro et hac dextera	avec ce fer et cette main
repuli	j'ai repoussé
a vestris cervicibus	de vos têtes
furores ejus,	les fureurs de lui,
quos jam	lesquelles désormais
poteramus frenare	nous ne pouvions contenir
nullis legibus,	par aucunes lois,
nullis judiciis ;	par aucuns jugements ;
ut per me unum,	de telle sorte que par moi seul,
jus, æquitas, leges,	le droit, l'équité, les lois,
libertas, pudor, pudicitia	la liberté, la pudeur, la chasteté

pudicitia in civitate manerent : esset vero timendum, quonam modo id ferret civitas? nunc enim quis est qui non probet? qui non laudet? qui non unum post hominum memoriam **T.** Annium plurimum reipublicæ profuisse, maxima lætitia populum romanum, cunctam Italiam, nationes omnes affecisse et dicat et sentiat? Nequeo, vetera illa populi romani quanta fuerint gaudia, judicare. Multas tamen jam summorum imperatorum clarissimas victorias ætas nostra vidit; quarum nulla neque tam diuturnam attulit lætitiam, nec tantam.

Mandate hoc memoriæ, judices. Spero multa vos liberosque vestros in republica bona esse visuros : in his singulis ita semper existimabitis, vivo P. Clodio, nihil eorum vos visuros fuisse. In spem maximam, et, quemadmodum confido, verissimam adducti sumus, hunc ipsum annum, hoc ipso summo viro consule,

dans nos murs ; serait-il à craindre qu'il n'obtînt pas l'aveu de tous les citoyens? En effet, en est-il un seul aujourd'hui qui ne l'approuve, qui ne le loue, qui ne pense et ne dise que, depuis la naissance de Rome, personne ne rendit jamais un plus grand service à l'État, et n'inspira plus de joie au peuple romain, à l'Italie entière, à toutes les nations ? Je ne puis dire quels transports nos premières prospérités ont excités chez nos ancêtres ; mais notre siècle a vu plusieurs grandes victoires remportées par d'illustres généraux, et nulle n'a répandu une allégresse aussi universelle et aussi durable.

Je le prédis, Romains, souvenez-vous de mes paroles : vous verrez, ainsi que vos enfants, beaucoup d'événements heureux pour la république ; et chaque fois vous conviendrez qu'aucun d'eux n'aurait eu lieu, si Clodius avait été vivant. Nous sommes dans la confiance la plus ferme, et j'ose dire la mieux fondée, que, cette année

manerent in civitate :	demeurassent dans la cité :
esset vero timendum,	y aurait-il donc à-craindre,
quonam modo civitas	de quelle manière la cité
ferret id ?	supporterait cela ?
nunc enim quis est	car maintenant quel est *le citoyen*
qui non probet ?	qui ne *l*'approuve ?
qui non laudet ?	qui ne *le* loue ?
qui non et dicat et sentiat,	qui et ne dise et ne pense,
T. Annium unum	T. Annius seul
post memoriam hominum	depuis le souvenir des hommes
profuisse plurimum	avoir été-utile le plus
reipublicæ,	à la république,
affecisse maxima lætitia	avoir comblé de la plus grande allégresse
populum romanum,	le peuple romain,
Italiam cunctam,	l'Italie entière,
omnes nationes ?	toutes les nations ?
Nequeo judicare,	Je ne puis juger
quanta fuerint	combien grandes ont été
illa vetera gaudia	ces anciennes joies
populi romani.	du peuple romain.
Tamen nostra ætas	Cependant notre âge
vidit jam	a vu déjà
multas victorias	beaucoup de victoires
clarissimas	très-éclatantes
summorum imperatorum ;	de très-grands généraux ;
quarum nulla	desquelles aucune
attulit lætitiam	*n*'a apporté une allégresse
neque tam diuturnam,	ni si durable,
nec tantam.	ni si grande.
Mandate hoc memoriæ,	Confiez ceci à *votre* mémoire,
judices.	juges.
Spero vos	J'espère vous
vestrosque liberos	et vos enfants
esse visuros	être devant voir
multa bona	beaucoup *d'événements* heureux
in republica :	dans la république :
in his singulis	dans chacun de ces *événements*
existimabitis semper ita,	vous penserez toujours ainsi,
vos fuisse visuros	vous n'avoir dû être-témoins
nihil eorum,	de rien de ces *événements*,
P. Clodio vivo.	P. Clodius *étant* vivant.
Sumus adducti	Nous avons été amenés
in spem maximam,	à une espérance très-grande,
et, quemadmodum confido,	et, comme j'*en* ai-la-confiance.
verissimam,	très-vraie,
hunc annum ipsum	cette année-ci même
fore salutarem civitati,	devoir être salutaire à la république,

compressa hominum licentia, cupiditatibus fractis, legibus et judiciis constitutis, salutarem civitati fore. Num quis igitur est tam demens, qui hoc, P. Clodio vivo, contingere potuisse arbitretur? Quid? ea, quæ tenetis, privata atque vestra, dominante homine furioso, quod jus perpetuæ possessionis habere potuissent?

XXIX. Non timeo, judices, ne odio inimicitiarum mearum inflammatus, libentius hæc in illum evomere videar, quam verius. Etenim, etsi præcipuum esse debebat, tamen ita communis erat omnium ille hostis, ut in communi odio pæne æqualiter versaretur odium meum. Non potest dici satis, ne cogitari quidem, quantum in illo sceleris, quantum exitii fuerit. Quin sic attendite, judices. Nempe hæc est quæstio de interitu P. Clodii. Fingite animis : liberæ enim sunt cogitationes nostræ, et, quæ volunt, sic intuentur, ut ea cernimus, quæ videmus[1].

même, la licence et l'ambition recevront un frein, que les lois et les tribunaux seront rétablis, que le consulat du grand Pompée ramènera l'ordre et la félicité publique. Quel homme assez dépourvu de raison pourra penser que ce bonheur eût été possible du vivant de Clodius? Mais vos biens mêmes, vos propriétés particulières, auriez-vous pu vous flatter jamais de les posséder avec sécurité sous la domination de ce furieux?

XXIX. Et ne dites pas qu'emporté par la haine, je déclame avec plus de passion que de vérité contre un homme qui fut mon ennemi. Sans doute personne n'eut plus que moi le droit de le haïr : mais c'était l'ennemi commun; et ma haine personnelle pouvait à peine égaler l'horreur qu'il inspirait à tous. Il n'est pas possible d'exprimer ni même de concevoir à quel point de scélératesse le monstre était parvenu. Et puisqu'il s'agit ici de la mort de Clodius, imaginez, citoyens, car nos pensées sont libres, et notre âme peut se rendre de simples fictions aussi sensibles que les objets qui frappent nos

hoc summo viro ipso
consule,

ce grand homme lui même
étant consul,

licentia hominum

la licence des hommes

compressa,

ayant été réprimée,

cupiditatibus fractis,

les ambitions ayant été abattues,

legibus et judiciis
constitutis.

les lois et les tribunaux
ayant été fermement-établis.

Num igitur

Est-ce que donc

est quis tam demens,

il est quelqu'un *de* si insensé,

qui arbitretur

qui pense

hoc potuisse contingere,

cela avoir pu arriver,

P. Clodio vivo?

P. Clodius *étant* vivant?

Quid? ea, quæ tenetis,

Mais quoi? ces *biens*, que vous tenez,

privata atque vestra,

particuliers et vôtres,

quod jus

quel droit

possessionis perpetuæ

de possession perpétuelle

potuissent habere,

auraient-ils pu avoir,

homine furioso dominante?

cet homme furieux étant-le-maître?

XXIX. Non timeo,
judices, ne videar

XXIX. Je ne crains pas,
juges, que je ne paraisse

evomere hæc in illum

vomir ces *invectives* contre lui

libentius quam verius,

avec plus de complaisance que de vérité,

inflammatus odio

enflammé par la haine

mearum inimicitiarum.

de mes inimitiés.

Etenim, etsi

En effet, bien que *cette haine*

debebat esse præcipuum,

devait (dût) être spéciale,

tamen ille erat ita

cependant celui-là était tellement

hostis communis omnium,

l'ennemi commun de tous,

ut meum odium versaretur

que ma haine se trouvait (se confondait)

pæne æqualiter

presque également

in odio communi.

dans la haine commune.

Non potest dici satis,

Il ne peut pas être dit assez,

ne cogitari quidem,

ni même être imaginé,

quantum sceleris,

combien de scélératesse,

quantum exitii

combien de perversité

fuerit in illo.

il y a eu en lui.

Quin attendite sic,
judices.

Bien plus soyez-attentifs ainsi (à ceci),
juges.

Nempe hæc quæstio

Assurément cette commission

est de interitu P. Clodii.

est touchant la mort de P. Clodius.

Fingite animis :

Représentez-*vous* par *vos* esprits ·

nostræ enim cogitationes

car nos pensées

sunt liberæ,

sont libres,

et intuentur sic

et elles contemplent ainsi

quæ volunt,

les objets qu'elles veulent,

ut cernimus

comme nous distinguons

ea, quæ videmus.

ceux que nous voyons.

Fingite igitur cogitatione imaginem hujus conditionis meæ, si possim efficere, ut Milonem absolvatis, sed ita, si P. Clodius revixerit. Quid vultu extimuistis? Quonam modo ille vos vivus afficeret, quos mortuus inani cogitatione percussit?

Quid? si ipse Cn. Pompeius, qui ea virtute ac fortuna est, ut ea potuerit semper, quæ nemo præter illum; si is, inquam, potuisset, ut quæstionem de morte P. Clodii ferre, sic ipsum ab inferis excitare : utrum putatis potius facturum fuisse? Etiamsi propter amicitiam vellet illum ab inferis evocare, propter rempublicam non fecisset. Ejus igitur mortis sedetis ultores, cujus vitam si putetis per vos restitui posse, nolletis; et de ejus nece lata quæstio est, qui si eadem lege reviviscere posset, lata lex nunquam esset. Hujus ergo interfector qui esset, in confitendo ab iisne pœnam timeret, quos liberavisset?

yeux; imaginez, dis-je, qu'il soit en mon pouvoir de faire absoudre Milon, sous la condition que Clodius revivra. Eh quoi! vous pâlissez! quelles seraient donc vos terreurs s'il était vivant, puisque, tout mort qu'il est, la seule pensée qu'il puisse revivre vous pénètre d'effroi!

Si Pompée lui-même, dont le courage et la fortune ont opéré des prodiges qui n'étaient possibles qu'à lui seul, si Pompée avait eu le choix, ou de poursuivre la mort de Clodius, ou de le rappeler à la vie, que pensez-vous qu'il eût préféré? Vainement l'amitié se serait fait entendre, il n'aurait écouté que l'intérêt de l'État. Vous siégez donc ici pour venger un homme à qui vous ne rendriez pas la vie, si vous en aviez le pouvoir; et ce tribunal a été érigé par une loi qui n'aurait pas été portée si elle eût pu le faire revivre. Celui qui l'aurait tué craindrait-il donc en l'avouant, d'être puni par ceux qu'il aurait délivrés?

Fingite igitur cogitatione imaginem hujus conditionis meæ, si possim efficere, ut absolvatis Milonem, sed ita, si P. Clodius revixerit. Quid extimuistis vultu? Quonam modo ille vivus vos afficeret, quos mortuus percussit inani cogitatione? Quid? Si Cn. Pompeius ipse, qui est ea virtute ac fortuna, ut potuerit semper ea, quæ nemo præter illum; si is potuisset, inquam, ut ferre quæstionem de morte P. Clodii, sic excitare ipsum ab inferis: utrum putatis fuisse facturum potius? Etiamsi vellet propter amicitiam evocare illum ab inferis, non fecisset propter rempublicam. Sedetis igitur ultores mortis ejus, cujus si putetis vitam posse restitui per vos, nolletis; et quæstio est lata de nece ejus, qui si posset reviviscere eadem lege, lex esset nunquam lata. Qui ergo esset interfector hujus, in confitendo timeretne pœnam ab iis, quos liberavisset?

Représentez-*vous* donc par la pensée une image de cette condition mienne, si je pouvais faire, que vous absolviez Milon, mais de telle sorte (à cette condition), si P. Clodius revenait-à-la-vie. Pourquoi avez-vous montré-de-la-crainte sur *votre* visage? De quelle manière celui-là vivant vous affecterait-il, *vous* que *étant* mort il a épouvantés par une vaine imagination? *Mais* quoi? Si Cn. Pompée lui-même, qui est *doué* d'un tel courage et d'une *telle* fortune, qu'il a pu toujours *faire* ces choses, que personne *n'a pu faire* excepté lui; s'il avait pu, dis je, de même que décréter une information touchant la mort de P. Clodius, aussi bien faire-sortir *Clodius* lui-même des enfers, lequel des deux pensez-vous *lui* avoir dû faire de préférence? Quand même il eût voulu à cause de *son* amitié évoquer lui des enfers, il ne *l*'eût pas fait à cause de la république, Vous siégez donc vengeurs de la mort de cet *homme*, duquel si vous croyiez la vie pouvoir être rétablie par vous, vous ne *le* voudriez pas; et une commission a été décrétée touchant le meurtre de cet *homme*, lequel s'il pouvait revivre par cette même loi, la loi n'aurait jamais été portée. Or celui qui aurait été le meurtrier de cet *homme*, en avouant *le fait* redouterait-il un châtiment de la part de ceux qu'il aurait délivrés?

Græci homines deorum honores tribuunt iis viris, qui tyrannos necaverunt. Quæ ego vidi Athenis! quæ aliis in urbibus Græciæ! quas res divinas talibus institutas viris! quos cantus! quæ carmina! prope ad immortalitatis et religionem et memoriam consecrantur. Vos tanti conservatorem populi, tanti sceleris ultorem, non modo honoribus nullis afficietis, sed etiam ad supplicium rapi patiemini? Confiteretur, confiteretur, inquam, si fecisset, et magno animo et libente se fecisse, libertatis omnium causa : quod ei certe non confitendum modo fuisset, verum etiam prædicandum.

XXX. Etenim, si id non negat, ex quo nihil petit, nisi ut ignoscatur, dubitaret id fateri, ex quo etiam præmia laudis essent petenda? nisi vero gratius putat esse vobis, sui se capitis, quam vestri, defensorem fuisse : quum præsertim

Les Grecs rendent les honneurs divins à ceux qui tuèrent des tyrans. Que n'ai-je pas vu dans Athènes et dans les autres villes de la Grèce? quelles fêtes instituées en mémoire de ces généreux citoyens! quels hymnes! quels cantiques! le souvenir, le culte même des peuples, consacrent leurs noms à l'immortalité. Et vous, loin de décerner des honneurs au conservateur d'un si grand peuple, au vengeur de tant de forfaits, vous souffrirez qu'on le traîne au supplice? S'il avait tué Clodius, il avouerait, oui, Romains, il avouerait qu'il l'a fait, qu'il l'a voulu faire pour sauver la liberté publique; et ce serait peu de l'avouer, il devrait même s'en glorifier.

XXX. En effet, s'il ne nie pas une action pour laquelle il demande uniquement d'être absous, que serait-ce lorsqu'il pourrait prétendre aux honneurs et à la gloire? à moins qu'il ne pensât que vous lui saurez plus de gré d'avoir défendu ses jours que d'avoir sauvé les vôtres. Et que risquerait-il? cet aveu, si vous vouliez être

Homines græci
tribuunt honores deorum
iis viris,
qui necaverunt tyrannos.
Quæ ego vidi Athenis !
quæ
in aliis urbibus Græciæ !
quas res divinas
institutas talibus viris !
quos cantus ! quæ carmina !
consecrantur
prope ad et religionem
et memoriam
immortalitatis.
Vos non modo afficietis
nullis honoribus
conservatorem
tanti populi,
ultorem tanti sceleris,
sed etiam patiemini
rapi ad supplicium ?
Confiteretur,
confiteretur, inquam,
si fecisset,
se fecisse
at magno animo
et libente,
causa libertatis omnium :
quod certe
non esset modo ei
confitendum,
verum etiam
prædicandum.
XXX. Etenim,
si non negat id,
ex quo petit nihil,
nisi ut ignoscatur,
dubitaret fateri id,
ex quo
etiam præmia laudis
essent petenda ?
nisi vero putat
esse gratius vobis,
se fuisse defensorem
sui capitis, quam vestri :
præsertim quum
in ea confessione,

Les hommes grecs
décernent les honneurs des dieux
à ces hommes,
qui ont tué les tyrans.
Quels *spectacles* j'ai vus à Athènes !
quels *spectacles*
dans les autres villes de la Grèce !
quelles cérémonies divines
établies pour de tels hommes !
quels chants ! quels hymnes !
ils sont divinisés
presque jusqu'à la religion
et *jusqu'à* la mémoire
de l'immortalité.
Vous non-seulement ne décorerez-vous
d'aucuns honneurs
le sauveur
d'un si grand peuple,
le vengeur d'une si grande scélératesse,
mais encore souffrirez-vous
lui être traîné au supplice ?
Il confesserait,
il confesserait, dis-je,
s'il avait commis *le meurtre*,
lui *l'*avoir commis
et de grand cœur
et d'un *cœur* content,
pour la liberté de tous :
ce qui assurément
n'aurait pas été seulement pour lui
à-avouer,
mais même
à-proclamer.
XXX. En effet,
s'il ne nie pas cette *action*,
pour laquelle il *ne* demande rien,
sinon qu'il *lui* soit pardonné,
hésiterait-il à avouer cette *autre*,
pour laquelle
même des récompenses de gloire
seraient à-demander ?
à moins pourtant qu'il ne pense
être plus agréable pour vous
lui avoir été le défenseur
de sa tête, *plutôt* que de la vôtre :
surtout lorsque
dans (par) cet aveu,

in ea confessione, si grati esse velletis, honores assequeretur
amplissimos. Si factum vobis non probaretur (quanquam qui
poterat salus sua cuique non probari?), sed tamen si minus
fortissimi viri virtus civibus grata cecidisset, magno animo
constantique cederet ex ingrata civitate. Nam quid esset ingratius, quam lætari ceteros, lugere eum solum, propter
quem ceteri lætarentur?

Quanquam hoc animo semper fuimus omnes in patriæ proditoribus opprimendis, ut, quoniam nostra futura esset
gloria, periculum quoque et invidiam nostram putaremus.
Nam quæ mihi ipsi tribuenda laus esset, quum tantum in
consulatu meo pro vobis ac liberis vestris ausus essem, si id,
quod conabar, sine maximis dimicationibus meis me esse
ausurum arbitrarer? Quæ mulier sceleratum ac perniciosum
civem occidere non auderet, si periculum non timeret? Proposita invidia, morte, pœna, qui nihilo segnius rempublicam

reconnaissants, lui assurerait les récompenses les plus honorables.
Si au contraire vous n'approuviez pas sa conduite (eh! qui pourrait
ne pas approuver ce qui fait son salut?), si pourtant la vertu de
l'homme le plus généreux pouvait déplaire à ses concitoyens, alors,
sans se repentir d'une action vertueuse, il sortirait d'une patrie ingrate. Ne serait-ce pas en effet le comble de l'ingratitude que tous
les citoyens se livrassent à la joie, pendant que l'auteur de l'allégresse publique serait seul dans le deuil?

Au reste, citoyens, toutes les fois que nos bras ont frappé des
traîtres, nous avons tous pensé que, s'il nous appartenait d'en re-
cueillir la gloire, c'était à nous aussi que les périls et les haines
étaient réservés. A quels éloges pourrais-je prétendre, après avoir
tant osé pour vous et pour vos enfants, pendant mon consulat, si
j'avais cru pouvoir le faire sans m'exposer aux plus violentes persécutions? quelle femme n'oserait pas immoler un scélérat et un traître,
si nul danger n'était à craindre? Voir devant soi la haine, la mort,
le supplice, et n'en être pas moins ardent à défendre la patrie,

si velletis esse grati,
si vous vouliez être reconnaissants,

assequeretur
il obtiendrait

honores amplissimos.
les honneurs les plus considérables.

Si factum
Si l'action

non probaretur vobis
n'était pas approuvée par vous

(quanquam qui sua salus
(quoique comment son propre salut

poterat non probari
pourrait-il ne pas être approuvé

cuique?),
par chacun?),

sed tamen si virtus
mais cependant si le courage

viri fortissimi
d'un homme très-ferme

cecidisset minus grata
était tombé (avait été) moins agréable

civibus, cederet
aux citoyens, il se retirerait

animo magno constantique
d'une âme grande et ferme

ex civitate ingrata.
d'une cité ingrate.

Nam quid esset ingratius,
Car quoi pourrait-être plus ingrat,

quam ceteros lætari,
que tous-les-autres se réjouir,

eum solum lugere,
et celui-là seul gémir,

propter quem
à cause duquel

ceteri lætarentur?
tous-les-autres se réjouiraient?

Quanquam omnes
Quoique tous

fuimus semper hoc animo
nous avons été toujours de cet esprit

in opprimendis
en accablant

proditoribus patriæ,
les traîtres à la patrie,

ut, quoniam gloria
que, puisque la gloire

esset futura nostra,
devait être nôtre,

putaremus
nous pensions

periculum quoque
le danger aussi

et invidiam nostram.
et la haine *être* nôtre.

Nam quæ laus
Car quelle louange

esset tribuenda mihi ipsi,
aurait été à décerner à moi-même

quum essem tantum ausus
après que j'avais tant osé

in meo consulatu
dans mon consulat

pro vobis ac vestris liberis,
pour vous et vos enfants,

si arbitrarer
si j'avais pensé

me esse ausurum id,
moi pouvoir oser cela,

quod conabar,
que j'entreprenais,

sine dimicationibus meis
sans des luttes miennes

maximis?
très-grandes?

Quæ mulier
Quelle femme

non auderet occidere
n'oserait tuer

civem sceleratum
un citoyen scélérat

ac perniciosum,
et dangereux,

si non timeret periculum?
si elle ne craignait pas le danger?

Invidia, morte, pœna
La haine, la mort, le châtiment

proposita,
étant placés-devant *lui*,

qui defendit rempublicam
celui qui défend la république

nihilo segnius,
non plus mollement *pour cela*,

defendit, is vir vere putandus est. Populi grati est, præmiis afficere bene meritos de republica cives ; viri fortis, ne suppliciis quidem moveri, ut fortiter fecisse pœniteat.

Quamobrem uteretur eadem confessione T. Annius, qua Ahala, qua Nasica, qua Opimius, qua Marius, qua nosmetipsi : et, si grata respublica esset, lætaretur, si ingrata, tamen in gravi fortuna conscientia sua niteretur. Sed hujus beneficii gratiam, judices, fortuna populi romani, et vestra felicitas, et dii immortales sibi deberi putant [1]. Nec vero quisquam aliter arbitrari potest, nisi qui nullam vim [2] esse ducit, numenve divinum : quem neque imperii vestri magnitudo, neque sol ille, nec cœli signorumque motus, nec vicissitudines rerum atque ordines movent, neque, id quod maximum est, majorum nostrorum sapientia, qui sacra, qui cæremo-

voilà ce qui caractérise le grand homme. Il est d'un peuple reconnaissant de récompenser les services rendus à l'État ; mais le devoir d'un citoyen courageux est d'envisager le supplice même, sans se repentir d'avoir eu du courage.

Milon ferait donc ce qu'ont fait Ahala, Nasica, Opimius, Marius, ce que j'ai fait moi-même : il avouerait son action ; et si la république était reconnaissante, il s'en féliciterait ; si elle était ingrate, il serait du moins consolé par le témoignage de sa conscience. Mais ce bienfait, citoyens, ce n'est pas à lui que vous le devez, c'est à la fortune du peuple romain, c'est à votre bonheur, c'est aux dieux immortels. Pour les méconnaître ici, il faudrait nier l'existence de la divinité, voir sans en être ému la grandeur de votre empire, le soleil qui nous éclaire, le mouvement régulier du ciel et des astres, les vicissitudes et l'ordre constant des saisons, et pour dire encore plus, la sagesse de nos ancêtres, qui ont maintenu avec

is est putandus
vere vir.
Est populi grati ,
afficere præmiis
cives bene meritos
de republica ;
viri fortis ,
ne moveri quidem
suppliciis ,
ut pœniteat
fecisse fortiter.
  Quamobrem T. Annius
uteretur eadem confessione,
qua Ahala, qua Nasica,
qua Opimius, qua Marius,
qua nosmetipsi :
et, si respublica
esset grata,
lætaretur ;
si ingrata ,
tamen in fortuna gravi
niteretur sua conscientia.
Sed, judices,
fortuna populi romani,
et vestra felicitas ,
et dii immortales
putant gratiam
hujus beneficii
sibi deberi.
Nec vero quisquam
potest arbitrari aliter,
nisi qui ducit
esse nullam vim
numenve divinum :
quem neque magnitudo
vestri imperii,
neque ille sol ,
nec motus cœli
signorumque ,
nec vicissitudines
atque ordines rerum
movent, neque,
id quod est maximum,
sapientia
nostrorum majorum ,
qui et ipsi coluerunt
sanctissime .

celui-là doit être regardé
comme étant véritablement un homme.
Il est d'un peuple reconnaissant,
de gratifier de récompenses
les citoyens qui ont bien mérité
de la république ;
il est d'un homme courageux,
de ne pas même être ému
par les supplices ,
au point qu'il se repente
d'avoir agi courageusement.
  Aussi T. Annius
ferait-usage du même aveu,
que Ahala , que Nasica ,
qu'Opimius , que Marius ,
que nous-mêmes :
et, si la république
était reconnaissante,
il s'*en* réjouirait ;
si *elle était* ingrate,
cependant dans une fortune pénible
il s'appuierait sur sa conscience.
Mais, juges,
la fortune du peuple romain,
et votre bonheur,
et les dieux immortels
pensent la reconnaissance
de ce bienfait
leur être due.
Et assurément personne
ne peut croire autrement,
si *ce n'est* celui qui juge
n'exister aucune force
ou puissance divine :
celui que ni la grandeur
de votre empire ,
ni ce soleil ,
ni les mouvements du ciel
et des constellations,
ni les vicissitudes
et l'ordre des choses
n'émeuvent, ni,
ce qui est le plus grand ,
la sagesse
de nos ancêtres ,
qui et eux-mêmes ont pratiqué
très-religieusement

nias, qui auspicia et ipsi sanctissime coluerunt, et nobis, suis posteris, prodiderunt.

XXXI. Est, est profecto illa vis ; neque in his corporibus atque in hac imbecillitate nostra inest quiddam, quod vigeat et sentiat, et non inest in hoc tanto naturæ, tam præclaro motu [*]. Nisi forte idcirco esse non putant, quia non apparet, nec cernitur : proinde quasi nostram ipsam mentem, qua sapimus, qua providemus, qua hæc ipsa agimus ac dicimus, videre, aut plane, qualis aut ubi sit, sentire possimus. Ea vis, ea ipsa igitur, quæ sæpe incredibiles huic urbi felicitates atque opes attulit, illam perniciem exstinxit ac sustulit ; cui primum mentem injecit, ut vi irritare ferroque lacessere fortissimum virum auderet, vincereturque ab eo, quem si

tant de respect les sacrifices, les cérémonies et les auspices qu'ils ont religieusement transmis à leur postérité.

XXXI. Il existe, oui, certes, il existe une puissance qui préside à toute la nature : et si, dans nos corps faibles et fragiles, nous sentons un principe actif et pensant qui les anime, combien plus une intelligence souveraine doit-elle diriger les mouvements admirables de ce vaste univers ! Osera-t-on la révoquer en doute, parce qu'elle échappe à nos sens, et qu'elle ne se montre pas à nos regards ? Mais cette âme qui vit en nous, par qui nous pensons et nous prévoyons, qui m'inspire en ce moment où je parle devant vous, notre âme aussi n'est-elle pas invisible? qui sait quelle est son essence ? qui peut dire où elle réside ? C'est donc cette puissance éternelle, à qui notre empire a dû tant de fois des succès et des prospérités incroya bles, c'est elle qui a détruit et anéanti ce monstre; elle lui a suggéré la pensée d'irriter par sa violence et d'attaquer à main armée le plus courageux des hommes, afin qu'il fût vaincu par un citoyen dont la

sacra,	les sacrifices,
qui cæremonias,	qui *ont pratiqué* les cérémonies
qui auspicia,	qui *ont pratiqué* les auspices,
et prodiderunt nobis,	et *les* ont transmis à nous,
suis posteris.	leurs descendants.
XXXI. Illa vis est,	XXXI. Cette puissance existe,
est profecto :	elle existe assurément :
neque inest	et *il* n'*est* pas *vrai* qu'il y ait
in his corporibus	dans ces corps
atque in hac imbecillitate	et dans cette faiblesse
nostra	nôtre
quiddam, quod vigeat	quelque chose, qui ait-de-la-force
et sentiat,	et *qui* pense,
et non inest	et qu'il n'y ait pas *un principe tel*
in hoc motu naturæ	dans ce mouvement de la nature
tanto, tam præclaro.	si grand, si magnifique.
Nisi forte non putant	A moins que par hasard ils ne croient pas
esse	*ce principe* exister
idcirco,	à cause de cela,
quia non apparet,	parce qu'il n'est-pas-apparent,
nec cernitur :	et *qu'*il n'est pas vu :
proinde quasi possimus	absolument comme si nous pouvions
videre nostram mentem	voir notre âme
ipsam,	elle-même,
qua sapimus,	par laquelle nous sommes-raisonnables,
qua providemus,	par laquelle nous prévoyons,
qua agimus ac dicimus	par laquelle nous discutons et disons
hæc ipsa,	ces choses mêmes,
aut sentire plane,	ou distinguer nettement,
qualis sit, aut ubi.	quelle elle est, ou bien où *elle est.*
Ea vis igitur,	Cette puissance donc,
ea ipsa,	cette *puissance* même,
quæ sæpe attulit	qui souvent a apporté
huic urbi	à cette ville
felicitates atque opes	des bonheurs et des ressources
incredibiles,	incroyables,
exstinxit ac sustulit	a détruit et fait-disparaître
illam perniciem ;	ce fléau ;
cui primum	auquel d'abord
injecit mentem,	elle a inspiré la pensée,
ut auderet	qu'il osât
irritare vi	irriter par la violence
lacessereque ferro	et provoquer par le fer
virum fortissimum,	un homme très-courageux,
vincereturque ab eo,	et qu'il fût vaincu par cet *homme,*
quem si vicisset,	lequel s'il avait vaincu,
esset habiturus	il aurait eu

vicisset, habiturus esset impunitatem et licentiam sempiternam. Non est humano consilio, ne mediocri quidem, judices,
deorum immortalium cura, res illa perfecta. Religiónes me-
hercule ipsæ, quæ illam belluam cadere viderunt, commosse
se videntur, et jus in illo suum retinuisse. Vos enim jam,
Albani tumuli atque luci, vos, inquam, imploro atque testor,
vosque, Albanorum obrutæ aræ, sacrorum populi romani
sociæ et æquales ¹, quas ille, præceps amentia, cæsis pro-
stratisque sánctissimis lucis, substructionum insanis molibus
oppresserat; vestræ tum aræ, vestræ religiones viguerunt;
vestra vis valuit, quam ille omni scelere polluerat : tuque,
ex tuo edito monte, Latiaris sancte Jupiter, cujus ille lacus ²,
nemora, finesque sæpe omni nefario stupro et scelere macu-
larat, aliquando ad eum puniendum oculos aperuisti. Vobis

défaite lui aurait pour jamais assuré la licence et l'impunité. Ce
grand événement n'a pas été conduit par un conseil humain ; il n'est
pas même un effet ordinaire de la protection des immortels. Les
lieux sacrés eux-mêmes semblent s'être émus en voyant tomber
l'impie, et avoir ressaisi le droit d'une juste vengeance. Je vous
atteste ici, collines sacrées des Albains, autels associés au même
culte que les nôtres, et non moins anciens que les autels du peuple
romain ; vous qu'il avait renversés ; vous dont sa fureur sacrilége
avait abattu et détruit les bois, afin de vous écraser sous le poids de
ses folles constructions : alors vos dieux ont signalé leur pouvoir ;
alors votre majesté, outragée par tous ses crimes, s'est manifestée
avec éclat. Et toi, dieu tutélaire du Latium, grand Jupiter, toi dont
il avait profané les lacs, les bois et le territoire par des abomina-
tions et des attentats de toute espèce, ta patience s'est enfin lassée :

impunitatem	une impunité
et licentiam sempiternam.	et une licence éternelle.
Illa res , judices ,	Ce fait , juges ,
non est perfecta	n'a pas été accompli
consilio humano,	par une prudence humaine,
ne cura quidem mediocri	pas même par un soin ordinaire
deorum immortalium.	des dieux immortels.
Religiones ipsæ,	Les lieux-saints eux-mêmes,
mehercule,	par Hercule ,
quæ viderunt cadere	qui ont vu tomber
illam belluam ,	cette bête-féroce,
videntur se commosse,	paraissent s'être émus ,
et retinuisse suum jus	et avoir maintenu leur droit
in illo.	sur lui.
Vos enim jam imploro	Car à présent je vous implore
atque testor, vos, inquam,	et *vous* atteste, vous, dis-je,
tumuli atque luci Albani ,	hauteurs et bois-sacrés d'-Albe ,
vosque, aræ obrutæ	et vous , autels renversés
Albanorum,	des Albains,
sociæ	associés
sacrorum populi romani	aux sacrifices du peuple romain
et æquales ,	et de-même-âge *qu'eux* ,
quas ille,	que celui-là (Clodius) ,
præceps amentia ,	se précipitant (entraîné) par *sa* démence,
lucis sanctissimis	les bois les plus saints
cæsis prostratisque,	ayant été coupés et abattus,
oppresserat molibus insanis	avait écrasés par les masses insensées
substructionum ;	de *ses* constructions ;
tum vestræ aræ ,	alors vos autels ,
vestræ religiones	vos cérémonies-religieuses
viguerunt ;	ont eu-de-la-force ;
vestra vis valuit,	votre puissance a prévalu ,
quam ille polluerat	*elle* que ce *Clodius* avait profanée
omni scelere :	de tout *genre de* crime;
tuque, ex tuo monte edito,	et toi, du haut de ta montagne élevée ,
sancte Jupiter Latiaris ,	auguste Jupiter du-Latium,
cujus ille macularat	dont il avait souillé
sæpe	fréquemment
lacus, nemora, finesque	les lacs, les bois, et le territoire
omni stupro nefario	par tout *genre d*'adultère impie
et scelere,	et *de* crime ,
aperuisti aliquando oculos	tu as ouvert enfin les yeux
ad eum puniendum.	pour le punir.
Illæ pœnæ	Ces peines
sunt solutæ vobis ,	ont été payées à vous ,
vobis	*elles* vous *ont été payées*
in vestro conspectu,	sous vos yeux,

illæ, vobis vestro in conspectu seræ, sed justæ tamen et debitæ pœnæ solutæ sunt.

Nisi forte hoc etiam casu factum esse dicemus, ut, ante
ipsum sacrarium Bonæ Deæ, quod est in fundo T. Sextii
Galli, in primis honesti et ornati adolescentis, ante ipsam,
inquam, Bonam Deam, quum prælium commisisset, primum
illud vulnus acceperit, quo teterrimam mortem obiret; ut non
absolutus judicio illo nefario[1] videretur, sed ad hanc insignem
pœnam reservatus.

XXXII. Nec vero non eadem ira deorum hanc ejus satellitibus[2] injecit amentiam, ut, sine imaginibus[3], sine cantu
atque ludis, sine exsequiis, sine lamentis, sine laudationibus,
sine funere, oblitus cruore et luto, spoliatus illius supremi
diei celebritate, quam concedere etiam inimici solent, ambureretur[4] abjectus. Non fuisse credo fas, clarissimorum virorum formas illi teterrimo parricidæ aliquid decoris afferre,

vous êtes tous vengés, et en votre présence, il a subi, quoique trop
tard, la peine due à tant de forfaits.

Romains, le hasard n'a rien fait ici. Voyez en quels lieux Clodius
a engagé le combat. C'est devant un temple de la Bonne Déesse, oui,
sous les yeux de cette divinité même, dont le sanctuaire s'élève dans
le domaine du jeune et vertueux Sextius Gallus, que le profanateur
a reçu cette blessure qui devait être suivie d'une mort cruelle; et
nous avons reconnu que le jugement infâme qui l'avait absous autrefois n'a fait que le réserver à cette éclatante punition.

XXXII. C'est encore cette colère des dieux qui a frappé ses satellites d'un tel vertige que, traînant sur une place son corps souillé
de sang et de boue, ils l'ont brûlé sans porter à sa suite les images
de ses ancêtres, sans lamentations, ni jeux, ni chants funèbres, ni
éloge, ni convoi, en un mot, sans aucun de ces derniers honneurs
que les ennemis même ne refusent pas à leurs ennemis. Sans doute
le ciel n'a pas permis que les images des citoyens les plus illustres

seræ, sed tamen
justæ et debitæ.

Nisi forte dicemus
hoc etiam
esse factum casu, ut,
quum commisisset prælium
ante sacrarium ipsum
Bonæ Deæ,
quod est in fundo
T. Sextii Galli,
adolescentis honesti
et ornati
in primis,
ante Bonam Deam ipsam,
inquam,
acceperit
illud primum vulnus,
quo obiret
mortem teterrimam;
ut non videretur absolutus
illo judicio nefario,
sed reservatus
ad hanc pœnam insignem.

XXXII. Nec vero
non eadem ira
deorum
injecit hanc amentiam
satellitibus ejus,
ut, sine imaginibus,
sine cantu atque ludis,
sine exsequiis,
sine lamentis,
sine laudationibus,
sine funere,
oblitus cruore et luto,
spoliatus celebritate
illius supremi diei,
quam etiam inimici
solent concedere,
ambureretur abjectus.
Credo non fuisse fas,
formas
virorum clarissimorum
afferre aliquid decoris
illi parricidæ teterrimo,
neque mortem ejus
lacerari in ullo loco

tardives, mais cependant
justes et dues.

A moins que par hasard nous ne disions
cela aussi
avoir été fait par hasard, que,
comme il avait engagé le combat
devant le sanctuaire même
de la Bonne Déesse,
qui est sur le domaine
de T. Sextius Gallus,
jeune homme vertueux
et honorable
dans les premiers (et des plus honorables)
devant la Bonne Déesse elle-même,
dis-je,
il ait reçu
cette première blessure,
par laquelle il devait rencontrer
la mort la plus ignomineuse;
de sorte qu'il ne parût pas avoir été absous
par ce jugement impie,
mais réservé
pour ce châtiment éclatant.

XXXII. Mais *il n'est* pas *vrai* non plus
que ce ne *soit* pas *cette* même colère
des dieux
qui a inspiré cette démence
aux satellites de lui,
que, sans images,
sans chant et *sans* jeux,
sans obsèques,
sans lamentations,
sans éloges,
sans funérailles,
couvert de sang et de boue,
privé de la solennité
de ce dernier jour,
que même des ennemis
ont coutume d'accorder,
il fût brûlé jeté *sur la place.*
Je crois ne pas avoir été licite,
les portraits
d'hommes très-illustres
apporter quelque honneur
à ce parricide très-abominable,
ni la mort (le cadavre) de lui
être déchiré dans aucun lieu

neque ullo in loco potius mortem [1] ejus lacerari, quam in quo vita esset damnata.

Dura mihi, medius fidius, jam fortuna populi romani et crudelis videbatur, quæ tot annos illum in hanc rempublicam insultare videret et pateretur. Polluerat stupro sanctissimas religiones ; senatus gravissima decreta perfregerat ; pecunia se palam a judicibus redemerat ; vexarat in tribunatu senatum ; omnium ordinum consensu pro salute reipublicæ gesta resciderat ; me patria expulerat, bona diripuerat, domum incenderat, liberos, conjugem meam vexaverat ; Cn. Pompeio nefarium bellum indixerat ; magistratuum privatorumque cædes fecerat ; domum mei fratris incenderat ; vastarat Etruriam ; multos sedibus ac fortunis ejecerat ; instabat, urgebat ; capere ejus amentiam civitas, Italia, provinciæ, regna non poterant ; incidebantur jam domi leges, quæ nos nostris servis

honorassent cet exécrable parricide ; et son cadavre devait être déchiré dans le lieu où sa vie avait été détestée.

Je déplorais le sort du peuple romain, condamné depuis si long-temps à le voir impunément fouler aux pieds la république : il avait souillé par un adultère les mystères les plus saints ; il avait abrogé les sénatus-consultes les plus respectables ; il s'était ouvertement racheté des mains de ses juges ; tribun, il avait tourmenté le sénat, annulé ce qui avait été fait, du consentement de tous les ordres, pour le salut de la république ; il m'avait banni de ma patrie, il avait pillé mes biens, brûlé ma maison, persécuté ma femme et mes enfants, déclaré une guerre impie à Pompée, massacré des citoyens, des magistrats, réduit en cendres la maison de mon frère, dévasté l'Étrurie, dépossédé une foule de propriétaires ; infatigable dans le crime, il poursuivait le cours de ses attentats ; Rome, l'Italie, les provinces, les royaumes n'étaient plus un théâtre assez vaste pour ses projets extravagants. Déjà se gravaient chez lui des lois qui de-

potius quam	plutôt que *dans celui*
in quo vita ejus	dans lequel la vie de lui
esset damnata.	avait été condamnée.
Medius fidius,	Oui assurément,
jam fortuna populi romani	déjà la fortune du peuple romain
mihi videbatur	me paraissait
dura et crudelis,	dure et cruelle,
quæ videret et pateretur	*elle* qui voyait et souffrait
illum tot annos	lui pendant tant d'années
insultare	fouler-aux-pieds
in hanc rempublicam.	cette république.
Polluerat stupro	Il avait souillé par l'adultère
religiones sanctissimas ;	les cérémonies les plus saintes ;
perfregerat	il avait brisé
decreta gravissima	les décrets les plus respectables
senatus ;	du sénat ;
se redemerat palam	il s'était racheté publiquement
a judicibus	de *ses* juges
pecunia ;	pour de l'argent ;
vexarat senatum	il avait tourmenté le sénat
in tribunatu ;	pendant *son* tribunat ;
resciderat gesta	il avait annulé les choses-faites
consensu omnium ordinum	du consentement de tous les ordres
pro salute reipublicæ ;	pour le salut de la république ;
me expulerat patria,	il m'avait chassé de *ma* patrie,
diripuerat bona,	il avait pillé *mes* biens,
incenderat domum,	il avait incendié *ma* maison,
vexaverat liberos,	il avait tourmenté *mes* enfants,
meam conjugem ;	mon épouse ;
indixerat Cn. Pompeio	il avait déclaré à Cn. Pompée
bellum nefarium ;	une guerre impie ;
fecerat cædes	il avait fait des massacres
magistratuum	de magistrats
privatorumque ;	et de particuliers ;
incenderat	il avait incendié
domum mei fratris ;	la maison de mon frère ;
vastarat Etruriam ;	il avait dévasté l'Étrurie ;
ejecerat multos	il avait expulsé beaucoup *de citoyens*
sedibus ac fortunis ;	de *leurs* demeures et de *leur* fortune ;
instabat, urgebat ;	il poursuivait, il pressait ;
civitas, Italia,	la cité, l'Italie,
provinciæ, regna	les provinces, les royaumes
non poterant capere	ne pouvaient contenir (suffire à)
amentiam ejus ;	la démence de lui ;
jam incidebantur domi	déjà se gravaient à *sa* maison
leges, quæ nos addicerent	des lois, qui devaient nous asservir
nostris servis ;	à nos esclaves ;

addicerent[1]; nihil erat cujusquam, quod quidem ille ad-
amasset, quod non hoc anno[2] suum fore putaret. Obstabat ejus
cogitationibus nemo, præter Milonem. Ipsum illum[3], qui
poterat obstare, novo reditu in gratiam quasi devinctum ar-
bitrabatur; Cæsaris potentiam suam esse dicebat; bonorum
animos etiam in meo casu contemserat : Milo unus urgebat.

XXXIII. Hic dii immortales, ut supra dixi, mentem de-
derunt illi perdito ac furioso, ut huic faceret insidias. Aliter
perire pestis illa non potuit : nunquam illum respublica suo
jure esset ulta. Senatus, credo, prætorem eum circumscrip-
sisset. Ne quum solebat quidem id facere, in privato eodem
hoc aliquid profecerat. An consules in prætore coercendo
fortes fuissent? Primum, Milone occiso, habuisset suos consules[4] : deinde, quis in eo prætore consul fortis esset, per

vaient nous asservir à nos esclaves : il se flattait que, cette année
même, il deviendrait possesseur de tout ce qui pourrait être à sa
bienséance. Il ne rencontrait d'autre obstacle que Milon. Un seul
homme pouvait rompre ses projets, et il croyait l'avoir lié à ses intérêts par sa nouvelle réconciliation. Il disait que la puissance de
César était à lui. Dans mon malheur, il avait montré tout son mépris
pour les gens de bien. Milon seul lui imposait.

XXXIII. Ce fut alors que les immortels, comme je l'ai dit plus
haut, inspirèrent à ce scélérat, à ce forcené, le dessein d'attenter
aux jours de Milon. Ce monstre ne pouvait périr autrement : jamais
la république n'aurait usé de son droit pour le punir. Pensez-vous
que le sénat aurait mis un frein à sa préture? Dans le temps même
où l'autorité du sénat contenait les magistrats dans leur devoir, elle
ne pouvait rien contre Clodius, simple particulier. Les consuls
auraient-ils eu le courage de la résistance? D'abord, Milon n'étant
plus, Clodius aurait eu des consuls à sa disposition ; ensuite, quel
consul eût rien osé contre un préteur qui, pendant son tribunat,

nihil erat cujusquam,	rien n'était à personne,
quod quidem	que du moins
ille adamasset,	il eût convoité,
quod non putaret	qu'il ne pensât
fore suum hoc anno.	devoir être à-lui cette année-ci.
Nemo obstabat	Personne ne faisait-obstacle
cogitationibus ejus,	aux projets de lui,
præter Milonem.	excepté Milon.
Arbitrabatur illum ipsum,	Il croyait celui-là même,
qui poterat obstare,	qui pouvait faire-obstacle,
quasi devinctum	*être* comme enchaîné
novo reditu	par un nouveau retour
in gratiam ;	en bonne-intelligence ;
dicebat potentiam Cæsaris	il disait la puissance de César
esse suam ;	être sienne ;
contemserat	il avait méprisé
animos bonorum	les opinions des bons *citoyens*
etiam in meo casu :	même dans mon malheur :
Milo unus urgebat.	Milon seul *le* menaçait.
XXXIII. Hic	XXXIII. Alors
dii immortales,	les dieux immortels,
ut dixi supra,	comme je *l'*ai dit ci-dessus,
dederunt mentem	ont donné la pensée
illi perdito ac furioso,	à ce pervers et *à ce* furieux,
ut faceret insidias huic.	qu'il dressât des embûches à celui-ci.
Illa pestis	Ce fléau
non potuit perire aliter :	ne pouvait pas périr autrement :
nunquam respublica	jamais la république
esset ulta illum	ne se serait vengée de lui
suo jure.	*en usant* de son droit.
Senatus, credo,	Le sénat, je crois (peut-être),
circumscripsisset	aurait circonscrit (enchaîné)
eum prætorem.	lui préteur (dans sa préture).
Ne quum solebat quidem	Pas même alors qu'il avait-coutume
facere id,	de faire cela ,
profecerat aliquid	il n'avait réussi en quelque chose
in hoc eodem	contre ce même *Clodius*
privato.	simple-particulier.
An consules	Est-ce que les consuls
fuissent fortes	auraient été courageux
in coercendo prætore ?	pour réprimer *lui* préteur ?
Primum, Milone occiso,	D'abord, Milon étant tué,
habuisset consules suos :	il aurait eu des consuls à-lui :
deinde, quis consul	ensuite, quel consul
fuisset fortis in eo prætore,	aurait été courageux contre ce préteur,
per quem tribunum	par lequel *étant* tribun
meminisset	il se serait souvenu

quem tribunum, virum consularem [1] crudelissime vexatum esse meminisset? Oppressisset omnia, possideret, teneret: lege nova, quæ est inventa apud eum cum reliquis legibus Clodianis, servos nostros libertos suos fecisset. Postremo, nisi eum dii immortales in eam mentem impulissent, ut homo effeminatus fortissimum virum conaretur occidere, hodie rempublicam nullam haberetis.

An ille prætor, ille vero consul, si modo hæc templa atque ipsa mœnia stare eo vivo tamdiu, et consulatum ejus exspectare potuissent, ille denique vivus mali nihil fecisset, qui mortuus, uno ex suis satellitibus Sex. Clodio duce, curiam incenderit? Quo quid miserius, quid acerbius, quid luctuo- sius vidimus? Templum sanctitatis, amplitudinis, mentis, consilii publici, caput urbis, aram sociorum, portum omnium gentium, sedem ab universo populo romano concessam uni

avait persécuté si cruellement un consulaire? Il aurait tout usurpé, tout envahi; il serait maître de tout. Par une loi nouvelle qu'on a trouvée chez lui avec les autres lois Clodiennes, nos esclaves seraient devenus ses affranchis. Enfin, si les dieux n'avaient inspiré à ce lâche le projet d'assassiner le plus brave des hommes, vous n'auriez plus de république.

Clodius préteur, et surtout Clodius consul, si toutefois ces temples et ces murs avaient pu subsister aussi longtemps et attendre son consulat; en un mot, Clodius vivant n'aurait-il fait aucun mal, lui qui même après sa mort a embrasé le palais du sénat par les mains de Sextus, le chef de ses satellites? O de tous les spectacles, le plus cruel, le plus douloureux, le plus lamentable! le temple sacré de la majesté romaine, le sanctuaire du conseil public, le chef-lieu de Rome, l'asile des alliés, le port de toutes les nations, cet auguste édifice accordé par le peuple romain au seul ordre des sénateurs,

virum consularem	un homme consulaire
esse vexatum crudelissime?	avoir été persécuté très-cruellement?
Oppressisset, possideret,	Il aurait opprimé, il posséderait,
teneret omnia ;	il tiendrait tout *en ses mains* :
lege nova,	par une loi nouvelle,
quæ est inventa apud eum	qui a été trouvée chez lui
cum reliquis legibus	avec le reste des lois
Clodianis,	de-Clodius,
fecisset nostros servos	il aurait fait *de* nos esclaves
suos libertos.	ses affranchis.
Postremo,	Enfin,
nisi dii immortales	si les dieux immortels
eum impulissent	ne l'avaient poussé
in eam mentem,	à cette pensée,
ut homo effeminatus	que *lui* homme efféminé
conaretur occidere	essayât de tuer
virum fortissimum,	un homme très-courageux,
hodie haberetis	aujourd'hui vous auriez
rempublicam nullam.	une république nulle (anéantie).
An ille prætor,	Est-ce que celui-là *étant* préteur,
ille vero consul,	celui-là *étant* même consul,
si modo hæc templa	si toutefois ces temples
atque mœnia ipsa	et ces murs mêmes
potuissent stare tamdiu	avaient pu rester-debout si longtemps
eo vivo,	lui *étant* vivant,
et exspectare	et attendre
consulatum ejus,	le consulat de lui,
denique	*est-ce qu'*enfin
ille vivus	celui-là *étant* vivant
fecisset nihil mali,	n'aurait fait rien de mal,
qui mortuus,	*lui* qui étant mort,
uno ex suis satellitibus	l'un de ses satellites
Sex. Clodio duce,	Sex. Clodius *étant* le chef,
incenderit curiam?	a incendié le sénat?
Quo	Au-dessus duquel *incendie*
quid miserius,	quoi de plus malheureux,
quid acerbius,	quoi de plus cruel,
quid luctuosius vidimus?	quoi de plus douloureux avons-nous vu?
Templum sanctitatis,	Le temple de la sainteté,
amplitudinis, mentis,	de la majesté, de la sagesse,
consilii publici,	du conseil public,
caput urbis,	le chef-lieu de la ville,
aram sociorum,	l'autel des alliés,
portum omnium gentium,	le port de toutes les nations,
sedem concessam	l'édifice accordé
ab universo populo romano	par tout le peuple romain
uni ordini,	au seul ordre *du sénat*,

ordini, inflammari, exscindi, funestari! neque id fieri a multitudine imperita, quanquam esset miserum id ipsum, sed ab uno; qui, quum tantum ausus sit ultor [1] pro mortuo, quid signifer pro vivo non esset ausus? In curiam potissimum abjecit, ut eam mortuus incenderet, quam vivus everterat.

Et sunt qui de via Appia querantur, taceant de curia? et qui ab eo spirante forum putent potuisse defendi, cujus non restiterit cadaveri curia? Excitate, excitate eum, si potestis, ab inferis. Frangetis impetum vivi, cujus vix sustinetis furias insepulti [2]? nisi vero sustinuistis eos, qui cum facibus ad curiam cucurrerunt, cum facibus ad Castoris, cum gladiis toto foro volitarunt. Cædi vidistis populum romanum, concionem gladiis disturbari, quum audiretur silentio M. Cœlius [3],

nous l'avons vu livré aux flammes, détruit, souillé par un cadavre impur! Que ce forfait eût été l'ouvrage d'une multitude aveugle, ce serait déjà un malheur déplorable : hélas! c'était le crime d'un seul homme. Ah! s'il a tant fait pour venger la mort de Clodius, que n'aurait-il pas osé pour servir Clodius vivant? Il a jeté son cadavre aux portes du sénat, afin qu'il l'embrasât après sa mort, comme il l'avait renversé pendant sa vie.

Et cependant on se lamente sur la voie Appia, et l'on se tait sur le sénat embrasé! On veut se persuader que le forum aurait pu être défendu contre les violences de Clodius, lorsque le palais du sénat même n'a pu résister à son cadavre! Rappelez-le, si vous pouvez, rappelez-le du sein des morts. Tout inanimé qu'il est, à peine vous soutenez ses fureurs : les réprimerez-vous quand il sera vivant? Eh! citoyens, avez-vous arrêté ces forcenés qui couraient au sénat et au temple de Castor, et qui se répandirent dans tout le forum, armés de flambeaux et d'épées? Vous les avez vus massacrer le peuple romain, et disperser l'assemblée qui écoutait en silence le tribun Célius, ce citoyen admirable par son courage, inébranlable

inflammari, exscindi,	être embrasé, être détruit,
funestari !	être souillé-par un-cadavre !
neque id fieri	et cela ne pas être fait
a multitudine imperita,	par une multitude ignorante,
quanquam id ipsum	quoique cela même
esset miserum,	eût été malheureux,
sed ab uno ;	mais par un seul *homme* ;
qui, quum sit ausus tantum	lequel, puisqu'il a tant osé
ultor	*comme* vengeur
pro mortuo,	pour *Clodius* mort,
quid non esset ausus	que n'aurait-il pas osé
signifer	*comme* porte-enseigne
pro vivo ?	pour *Clodius* vivant ?
Abjecit potissimum	Il a jeté *le cadavre* de préférence
in curiam,	dans le palais-du-sénat,
ut mortuus	afin qu'étant mort
incenderet eam,	il incendiât ce *palais*,
quam everterat vivus.	qu'il avait renversé *étant* vivant.
. Et sunt	Et il y a *des hommes*
qui querantur de via Appia,	qui se plaignent au sujet de la voie Appia,
taceant de curia ?	*mais* se taisent au sujet du sénat ?
et qui putent forum	et qui pensent le forum
potuisse defendi	avoir pu être défendu
ab eo spirante,	contre celui-là respirant,
cadaveri cujus	au cadavre duquel
curia non restiterit ?	le sénat n'a pas pu résister ?
Excitate, excitate,	Faites-sortir, faites-sortir,
si potestis,	si vous *le* pouvez,
eum ab inferis.	lui des enfers.
Frangetis	Briserez-vous (arrêterez-vous)
impetum vivi,	l'impétuosité de *lui* vivant,
cujus insepulti	duquel *étant* enseveli
sustinetis vix furias ?	vous soutenez à peine les fureurs ?
nisi vero	à moins que cependant
sustinuistis eos,	vous n'ayez soutenu ces *hommes*,
qui cucurrerunt ad curiam	qui ont couru au sénat
cum facibus,	avec des torches,
cum facibus	*qui ont couru* avec des torches
ad Castoris,	au *temple* de Castor,
volitarunt cum gladiis	*qui* ont voltigé avec des épées
toto foro.	dans tout le forum.
Vidistis populum romanum	Vous avez vu le peuple romain
cædi,	être massacré,
concionem disturbari	l'assemblée être dispersée-en-désordre
gladiis,	par des épées,
quum audiretur silentio	alors qu'était entendu en silence
M. Cœlius, tribunus plebis,	M. Célius, tribun du peuple,

tribunus plebis, vir et in republica fortissimus, et in suscepta causa firmissimus, et bonorum voluntati, et auctoritati senatus deditus, et in hac Milonis sive invidia, sive fortuna singulari, divina et incredibili fide.

XXXIV. Sed jam satis multa de causa [1] : extra causam etiam nimis fortasse multa. Quid restat, nisi ut orem obtesterque vos, judices, ut eam misericordiam tribuatis fortissimo viro, quam ipse non implorat, ego, etiam repugnante hoc, et imploro et exposco ? Nolite, si, in nostro omnium fletu, nullam lacrimam adspexistis Milonis, si vultun semper eumdem, si vocem, si orationem stabilem ac non mutatam videtis, hoc minus ei parcere : atque haud scio, an multo etiam sit adjuvandus magis. Etenim, si in gladiatoriis pugnis, et in infimi generis hominum conditione atque fortuna, timidos et supplices, et, ut vivere liceat, obsecrantes, etiam odisse

dans ses principes, dévoué à la volonté des gens de bien et à l'autorité du sénat, cet ami généreux qui a donné à Milon, victime ou de la haine ou de la fortune, des preuves d'un zèle incroyable et d'une héroïque fidélité.

XXXIV. Mais j'en ai dit assez pour la défense de Milon : peut-être même me suis-je trop étendu hors de la cause. Que me reste-t-il à faire, si ce n'est de vous conjurer instamment d'accorder à ce généreux citoyen une compassion qu'il ne réclame pas lui-même, mais que j'implore et que je sollicite malgré lui ? S'il n'a pas mêlé une seule larme aux pleurs que nous versons tous ; si vous remarquez toujours la même fermeté sur son visage, dans sa voix, dans ses discours, n'en soyez pas moins disposés à l'indulgence : peut-être même doit-il par cette raison vous inspirer un plus vif intérêt. En effet, si dans les combats de gladiateurs, et lorsqu'il s'agit des hommes de la condition la plus vile et la plus abjecte, nous éprouvons une sorte de haine contre ces lâches qui, d'une voix humble et tremblante, demandent qu'on leur permette de vivre, tandis que

vir et fortissimus
in republica,
et firmissimus
in causa suscepta,
et deditus
voluntati bonorum,
et auctoritati senatus,
et fide divina
et incredibili
in hac sive invidia,
sive fortuna singulari
Milonis.
    XXXIV. Sed jam
satis multa
de causa :
extra causam
fortasse etiam nimis multa.
Quid restat,
nisi ut vos orem
obtesterque, judices,
ut tribuatis
viro fortissimo
eam misericordiam,
quam ipse non implorat,
ego, etiam hoc repugnante,
et imploro et exposco ?
Nolite,
si, in nostro fletu omnium,
adspexistis
nullam lacrimam Milonis,
si videtis vultum
semper eumdem,
si vocem,
si orationem
stabilem ac non mutatam,
hoc ei parcere minus :
atque haud scio,
an sit etiam
adjuvandus multo magis.
Etenim,
si in pugnis gladiatoriis,
et in conditione
atque fortuna
hominum infimi generis,
solemus etiam odisse
timidos et supplices,
et obsecrantes,

homme et très-courageux
dans l'intérêt-public,
et très-ferme
dans une cause entreprise *par lui*,
et dévoué
à la volonté des bons *citoyens*,
et à l'autorité du sénat,
et d'une fidélité divine
et incroyable
soit dans cette haine *contre Milon*,
soit *dans cette* fortune singulière
de Milon.
    XXXIV. Mais déjà
d'assez nombreuses *paroles*
ont été dites sur la cause :
hors de la cause
peut-être même de trop nombreuses.
Que reste-t-il,
sinon que je vous prie
et *vous* conjure, juges,
que vous accordiez
à un homme très-courageux
cette compassion,
que lui-même n'implore pas,
que moi, même lui résistant,
et j'implore et je réclame ?
Ne veuillez pas,
si, au milieu de nos pleurs de tous,
vous *n'*avez aperçu
aucune larme de Milon,
si vous voyez *son* visage
toujours le même,
si *vous voyez sa* voix,
si *vous voyez son* langage
ferme et non changé,
pour-cela l'épargner moins :
et je ne sais pas,
s'il *ne* serait *pas* même
devant être aidé beaucoup plus.
Et en effet,
si dans des combats de-gladiateurs,
et dans la condition
et la fortune
d'hommes de la plus basse espèce,
nous avons-coutume même de haïr
ceux *qui sont* timides et suppliants
et qui implorent,

solemus, fortes et animosos, et se acriter ipsos morti offe-
rentes, servare cupimus; eorumque nos magis miseret, qui
nostram misericordiam non requirunt, quam qui illam effla-
gitant : quanto hoc magis in fortissimis civibus facere debemus?

Me quidem, judices, exanimant et interimunt hæ voces
Milonis, quas audio assidue, et quibus intersum quotidie :
Valeant, valeant, inquit, cives mei, valeant : sint incolumes,
sint florentes, sint beati : stet hæc urbs præclara, mihique
patria carissima, quoquo modo merita de me erit. Tranquilla
republica cives mei, quoniam mihi cum illis non licet, sine
me ipsi, sed per me tamen, perfruantur. Ego cedam atque
abibo. Si mihi republica bona frui non licuerit, at carebo
mala : et quam primum tetigero bene moratam et liberam
civitatem, in ea conquiescam. O frustra, inquit, suscepti
mei labores ! o spes fallaces ! o cogitationes inanes meæ ! Ego,

nous faisons des vœux pour les braves qui s'offrent intrépidement à
la mort; si enfin ceux qui ne cherchent pas à émouvoir notre pitié
nous touchent plus vivement que ceux qui la sollicitent avec
instance, à combien plus forte raison le même courage dans un de
nos citoyens doit-il produire en nous les mêmes sentiments !

Pour moi, mon cœur se déchire, mon âme est pénétrée d'une
douleur mortelle, lorsque j'entends ces paroles que chaque jour
Milon répète devant moi : Adieu, mes chers concitoyens, adieu,
oui, pour jamais, adieu. Qu'ils vivent en paix ; qu'ils soient heureux ; que tous leurs vœux soient remplis ; qu'elle se maintienne,
cette ville célèbre, cette patrie qui me sera toujours chère, quelque
traitement que j'en éprouve ; que mes concitoyens jouissent sans
moi, puisqu'il ne m'est pas permis d'en jouir avec eux, d'une tran
quillité que cependant ils ne devront qu'à moi. Je partirai, je
m'éloignerai : si je ne puis partager le bonheur de Rome, je n'aurai
pas du moins le spectacle de ses maux ; et dès que j'aurai trouvé
une cité où les lois et la liberté soient respectées, c'est là que je
fixerai mon séjour. Vains travaux, ajoute-t-il, espérances trom-

ut liceat vivere,	qu'il *leur* soit permis de vivre,
cupimus servare	*et si* nous désirons sauver
fortes et animosos,	ceux *qui sont* fermes et courageux,
et se offerentes ipsos morti	et qui s'offrent eux-mêmes à la mort
acriter;	avec-intrépidité;
nosque magis miseret	et *si* nous avons plus pitié
eorum, qui non requirunt	de ceux qui ne recherchent pas
nostram misericordiam,	notre compassion,
quamqui illam efflagitant:	que *de ceux* qui la sollicitent :
quanto magis	combien plus
debemus facere hoc	devons-nous faire cela
in civibus fortissimis?	à l'endroit de citoyens très-courageux?
Me quidem, judices,	*Pour* moi du moins, juges,
exanimant et interimunt	*elles me* font-mourir et *me* tuent
hæ voces Milonis,	ces paroles de Milon,
quas audio assidue,	que j'entends assidûment,
et quibus	et auxquelles
intersum quotidie :	j'assiste chaque-jour :
Valeant, valeant, inquit,	Adieu, adieu, dit-il,
mei cives, valeant :	mes concitoyens, adieu :
sint incolumes,	qu'ils soient sains-et-saufs,
sint florentes,	qu'ils soient florissants,
sint beati :	qu'ils soient heureux:
stet præclara	qu'elle subsiste éclatante
hæc urbs,	cette ville,
et patria carissima mihi,	et *cette* patrie très-chère à moi,
quoquo modo	de quelque manière que
erit merita de me.	elle ait mérité de moi.
Mei cives,	Que mes concitoyens,
quoniam non mihi licet	puisqu'il ne m'est pas permis
cum illis,	*d'en jouir* avec eux,
ipsi sine me,	*qu'*eux-mêmes sans moi,
sed tamen per me,	mais cependant par moi,
perfruantur	jouissent-toujours
republica tranquilla.	d'une république tranquille.
Ego cedam atque abibo.	Moi je me retirerai et m'en irai.
Si non mihi licuerit	S'il ne m'est pas permis
frui republica bona,	de jouir d'une république heureuse
at carebo	du moins je m'abstiendrai
mala :	d'une *république* malheureuse,
et quam civitatem	et *quelle que soit* la cité que
tetigero primum,	j'aurai touchée d'abord,
bene moratam et liberam,	bien réglée et libre,
conquiescam in ea.	je me reposerai dans elle.
O mei labores, inquit,	O mes travaux, dit-il,
suscepti frustra!	entrepris inutilement!
o spes fallaces!	ô espérances trompeuses!

quum, tribunus plebis, republica oppressa, me senatui dedissem, quem exstinctum acceperam; equitibus romanis, quorum vires erant debiles; bonis viris, qui omnem auctoritatem Clodianis armis [1] abjecerant; mihi unquam bonorum præsidium defuturum putarem? Ego, quum te (mecum enim sæpissime loquitur) patriæ reddidissem, mihi non futurum in patria putarem locum? Ubi nunc senatus est, quem secuti sumus? ubi equites romani illi, illi, inquit, tui? ubi studia municipiorum? ubi Italiæ voces [2]? ubi denique tua, M. Tulli, quæ plurimis fuit auxilio, vox et defensio? mihine ea soli, qui pro te toties morti me obtuli, nihil potest opitulari?

XXXV. Nec vero hæc, judices, ut ego nunc, flens, sed hoc eodem loquitur vultu, quo videtis. Negat enim se, negat ingratis civibus fecisse, quæ fecit: timidis, et omnia circum-

peuses, inutiles projets! Lorsque, pendant mon tribunat, voyant la république opprimée, je me dévouai tout entier au sénat expirant, aux chevaliers romains dénués de force et de pouvoir, aux gens de bien découragés et accablés par les armes de Clodius, pouvais-je penser que je me verrais un jour abandonné par les bons citoyens? Et toi, car il m'adresse souvent la parole, après t'avoir rendu à la patrie, devais-je m'attendre que la patrie serait un jour fermée pour moi? Qu'est devenu ce sénat, à qui nous avons été constamment attachés? ces chevaliers, oui, ces chevaliers dévoués à tes intérêts? ce zèle des villes municipales? ces acclamations unanimes de toute l'Italie? Et toi-même, Cicéron, qu'est devenue cette voix, cette voix salutaire à tant de citoyens? est-elle impuissante pour moi seul, qui tant de fois ai bravé la mort pour toi?

XXXV. Et ces paroles, il ne les prononce pas en versant des larmes, comme je fais, mais avec ce visage tranquille que vous lui voyez. Il ne dit point qu'il a servi des citoyens ingrats; seulement il

o meæ inanes cogitationes!	ô mes vains projets !
Ego, quum,	Moi, lorsque,
tribunus plebis,	tribun du peuple,
republica oppressa,	la république étant opprimée,
me dedissem senatui,	je m'étais donné au sénat,
quem acceperam	que j'avais reçu
exstinctum ;	anéanti,
equitibus romanis,	aux chevaliers romains,
quorum vires erant debiles;	dont les forces étaient débiles,
viris bonis,	aux hommes de-bien,
qui abjecerant	qui avaient perdu
armis Clodianis	par les armes de-Clodius
omnem auctoritatem ;	toute autorité ;
putarem	aurais-je pensé
præsidium bonorum	l'appui des *gens* de-bien
defuturum unquam mihi ?	devoir manquer jamais à moi ?
Ego, quum	Moi, lorsque
te reddidissem patriæ	je t'avais rendu à la patrie
(sæpissime enim	(car très-souvent
loquitur mecum),	il parle avec moi),
putarem locum	aurais-je pensé une place
non futurum mihi	ne pas devoir être pour moi
in patria?	dans *cette* patrie ?
Ubi est nunc senatus,	Où est maintenant le sénat,
quem sumus secuti?	que nous avons suivi ?
ubi illi equites romani,	où *sont* ces chevaliers romains,
illi, inquit, tui ?	ces chevaliers, dit-il, *qui étaient* à-toi?
ubi studia	où *sont* les sympathies
municipiorum ?	des villes-municipales ?
ubi voces Italiæ?	où *sont* les acclamations de l'Italie ?
ubi denique, M. Tulli,	où *est* enfin, M. Tullius,
tua vox et defensio,	ta voix et ta défense,
quæ fuit auxilio	qui a été à secours (prêté secours)
plurimis?	à de très-nombreux *citoyens?*
mihine soli,	est-ce moi seul,
qui me obtuli	*moi* qui me suis offert
toties morti pro te,	tant de fois à la mort pour toi,
ea potest opitulari nihil ?	*qu'*elle ne peut aider en rien ?
XXXV. Nec vero,	XXXV. Et assurément,
judices,	juges,
loquitur hæc,	il ne dit pas ces *paroles,*
ut ego nunc, flens,	comme moi maintenant, *en* pleurant,
sed hoc eodem vultu,	mais avec ce même visage,
quo videtis.	avec lequel vous *le* voyez.
Negat enim,	Car il nie,
se fecisse, quæ fecit,	lui avoir fait ce qu'il a fait,
civibus ingratis :	pour des citoyens ingrats :

spicientibus pericula , non negat. Plebem et infimam multi-
tudinem, quæ, P. Clodio duce , fortunis vestris imminebat ,
eam, quo tutior esset vita nostra, suam se fecisse comme-
morat; ut non modo virtute flecteret, sed etiam tribus suis
patrimoniis deleniret : nec timet ne , quum plebem muneribus
placarit, vos non conciliarit meritis in rempublicam singu-
laribus. Senatus erga se benevolentiam temporibus his ipsis
sæpe esse perspectam; vestras vero et vestrorum ordinum
occursationes , studia, sermones , quemcumque cursum fortuna dederit, secum se ablaturum esse dicit.

Meminit etiam, sibi vocem præconis modo defuisse , quam
minime desiderarit; populi vero cunctis suffragiis, quod
unum cupierit, se consulem declaratum : nunc denique, si
hæc arma ¹ contra se sint futura, sibi facinoris suspicionem ,

---

dit qu'ils sont faibles et tremblants. Il rappelle que, pour mieux
assurer nos jours, il a mis dans ses intérêts cette multitude qui ,
sous les ordres de Clodius , menaçait vos fortunes : en même temps
qu'il la subjuguait par son courage, il se l'attachait par le sacrifice
de ses trois patrimoines. Il ne doute pas que de telles largesses ne
soient comptées par vous au nombre des plus éminents services
rendus à l'État. Il dit que, même dans ces derniers temps, la bienveillance du sénat pour lui s'est manifestée plusieurs fois, et que,
partout où la fortune conduira ses pas, il emportera le souvenir de
ces empressements, de ce zèle, de ces éloges que vous lui avez prodi-
gués, ainsi que tous les ordres à qui vous appartenez.

Il se souvient que la proclamation du héraut lui a seule manqué;
il dit qu'il ne la regrette pas, mais qu'il a été déclaré consul par le
vœu unanime du peuple, ce qui était le seul objet de son ambition ;
qu'aujourd'hui enfin, si ces armes doivent être tournées contre lui,

non negat	il ne nie pas *l'avoir fait*
timidis,	pour des *citoyens* timides,
et circumspicientibus	et qui examinent-tout-autour *d'eux*
omnia pericula.	tous les dangers.
Commemorat	Il rappelle
se fecisse suam,	lui avoir rendu sien,
quo nostra vita	afin que notre vie
esset tutior,	fût plus-en-sûreté,
plebem	le peuple
et multitudinem infimam,	et la multitude infime,
quæ, P. Clodio duce,	qui, P. Clodius *étant son* chef,
imminebat	menaçait
vestris fortunis;	vos fortunes;
ut non modo	de telle sorte que non-seulement
flecteret virtute,	il *les* détournait par *son* courage,
sed etiam deleniret	mais encore *les* adoucissait
suis tribus patrimoniis :	par ses trois patrimoines :
nec timet ne,	et il ne craint pas que,
quum placarit plebem	après qu'il a apaisé le peuple
muneribus,	par des présents,
non vos conciliarit	il ne vous ait pas gagnés
meritis singularibus	par des services particuliers
in rempublicam.	envers la république.
Dicit	Il dit
benevolentiam senatus	la bienveillance du sénat
erga se	envers lui
esse perspectam sæpe	avoir été reconnue souvent *par lui*
his temporibus ipsis;	dans ces temps mêmes;
se vero	mais lui
esse ablaturum secum,	devoir emporter avec lui,
quemcumque cursum	quelque direction que
fortuna dederit,	la fortune *lui* aura donnée,
vestras occursationes	vos empressements
et vestrorum ordinum,	et *ceux* de vos ordres,
studia, sermones.	*vos* sympathies, *vos* entretiens.
Meminit etiam,	Il se souvient aussi,
vocem præconis modo	la voix du héraut seulement
sibi defuisse,	lui avoir manqué,
quam minime desiderarit;	*voix* qu'il a le moins regrettée
se vero declaratum	mais lui avoir été proclamé
consulem	consul
cunctis suffragiis populi,	par tous les suffrages du peuple,
quod cupierit unum :	*chose* qu'il avait désirée seule
nunc denique,	maintenant enfin,
si hæc arma	si ces armes
sint futura contra se,	doivent être contre lui,
suspicionem facinoris,	le soupçon d'un attentat,

non facti crimen obstare. Addit hæc, quæ certe vera sunt, fortes et sapientes viros non tam præmia sequi solere recte factorum, quam ipsa recte facta : se nihil in vita, nisi præclarissime, fecisse; siquidem nihil sit præstabilius viro, quam periculis patriam liberare : beatos esse, quibus ea res honori fuerit a suis civibus; nec tamen eos miseros, qui beneficio cives suos vicerint: sed tamen, ex omnibus præmiis virtutis, si esset habenda ratio præmiorum, amplissimum esse præmium gloriam : esse hanc unam, quæ brevitatem vitæ. posteritatis memoria consolaretur, quæ efficeret, ut absentes adessemus, mortui viveremus : hanc denique esse, cujus gradibus etiam homines in cœlum viderentur ascendere.

De me, inquit, semper populus romanus, semper omnes

elles frapperont sur un citoyen soupçonné, mais innocent. Il ajoute, ce qui est d'une incontestable vérité, que les hommes sages et courageux cherchent moins la récompense de la vertu que la vertu même ; qu'il n'a rien fait que de très-glorieux, puisqu'il n'est rien de plus beau que de sauver sa patrie; que ceux-là sont heureux qui voient de tels services récompensés par leurs concitoyens; mais qu'on n'est pas malheureux pour les avoir surpassés en bienfaits; qu'au reste, de toutes les récompenses de la vertu, s'il faut chercher en elle autre chose qu'elle-même, la plus belle, en effet, est la gloire ; que la gloire seule nous dédommage de la brièveté de la vie, par le souvenir de la postérité ; qu'elle nous rend présents aux lieux où nous ne sommes plus ; qu'elle nous fait vivre au delà du trépas; qu'elle est enfin comme le degré qui élève les hommes au rang des immortels.

Le peuple romain, dit-il, parlera toujours de moi; je serai l'éter-

non crimen facti
sibi obstare.
Addit hæc,
quæ certe sunt vera,
viros fortes et sapientes
solere sequi
non tam præmia
factorum recte,
quam facta recte
ipsa :
se fecisse nihil in vita,
nisi præclarissime;
si quidem nihil
sit præstabilius viro,
quam liberare patriam
periculis :
esse beatos,
quibus ea res
fuerit honori
a suis civibus;
nec tamen eos
miseros,
qui vicerint suos cives
beneficio :
sed tamen,
ex omnibus præmiis
virtutis,
si ratio præmiorum
esset habenda,
gloriam esse
præmium amplissimum :
hanc esse unam,
quæ consolaretur
brevitatem vitæ
memoria posteritatis,
quæ efficeret,
ut absentes adessemus,
mortui viveremus :
hanc esse denique,
gradibus cujus
etiam homines viderentur
ascendere in cœlum.
Populus romanus,
inquit,
semper de me,
omnes gentes
loquentur semper,

non pas le crime d'un action
lui nuire.
Il ajoute ces *paroles*,
qui assurément sont vraies,
les hommes courageux et sages
avoir-coutume de rechercher
non pas tant les récompenses
des *actions* faites honorablement,
que les *actions* faites honorablement
elles-mêmes :
lui n'avoir fait rien pendant sa vie,
sinon très-glorieusement;
si toutefois rien
n'est plus beau pour un homme,
que de délivrer *sa* patrie
des dangers :
ceux-là être heureux,
auxquels cette conduite
a été à honneur (a valu des honneurs)
de la part de leurs concitoyens;
et cependant ceux-là
ne pas *être* malheureux,
qui ont vaincu leurs concitoyens
par *leur* bienfait :
mais cependant,
de toutes les récompenses
du courage,
si un compte des récompenses
devait être tenu,
la gloire être
la récompense la plus considérable :
celle-là (la gloire) être la seule,
qui puisse *nous* consoler
de la brièveté de la vie
par le souvenir de la postérité,
qui puisse faire,
qu'absents nous soyons-présents
que morts nous vivions :
celle-là être enfin,
par les degrés de laquelle
même des hommes paraissent
monter dans le ciel.
Le peuple romain,
dit-il,
parlera toujours de moi,
toutes les nations
parleront toujours *de moi*,

gentes loquentur, nulla unquam obmutescet vetustas. Quin hoc tempore ipso, quum omnes a meis inimicis faces meæ invidiæ subjiciantur, tamen omni in hominum cœtu, gratiis agendis, et gratulationibus habendis, et omni sermone celebramur. Omitto Etruriæ festos, et actos, et institutos dies[1] : centesima lux est hæc ab interitu P. Clodii; et, opinor, ultra quam fines[2] imperii populi romani sunt, ea non solum fama jam de illo, sed etiam lætitia peragravit. Quamobrem, ubi corpus hoc sit, non, inquit, laboro, quoniam omnibus in terris et jam versatur, et semper habitabit nominis mei gloria.

XXXVI. Hæc tu mecum sæpe, his absentibus; sed, iisdem audientibus, hæc ego tecum, Milo. Te quidem, quum isto animo es, satis laudare non possum : sed, quo est ista magis divina virtus, eo majore a te dolore divellor. Nec vero, si mihi eriperis, reliqua est illa saltem ad consolandum

nel entretien des nations, et la postérité la plus reculée ne se taira jamais sur ce que j'ai fait. Aujourd'hui même que mes ennemis soufflent partout le feu de la haine, il n'est point de réunion où l'on ne parle de moi, où l'on ne se félicite, où l'on ne rende grâces aux dieux. Je ne parle pas des fêtes que l'Étrurie a célébrées et instituées pour l'avenir. A peine cent jours se sont écoulés depuis la mort de Clodius, et déjà la nouvelle, que dis-je? la joie de cet événement est parvenue aux extrémités de l'empire. Que m'importe donc le lieu où sera ce corps périssable, puisque la gloire de mon nom est déjà répandue et doit vivre à jamais dans toutes les parties de l'univers?

XXXVI. Telles sont, Milon, les paroles que tu m'as adressées mille fois, loin de nos juges; voici ce que je te réponds en leur présence : J'admire ton courage; il est au-dessus de tous les éloges; mais aussi plus cette vertu est rare et sublime, plus il me serait affreux d'être séparé de toi. Si tu m'es enlevé, je n'aurai pas même

nulla vetustas	aucune antiquité (postérité)
obmutescet unquam.	ne sera jamais muette *sur moi*.
Quin hoc tempore ipso ,	Bien plus dans ce temps-ci même ,
quum omnes faces	quoique toutes les torches
subjiciantur	soient placées-au-dessous
meæ invidiæ	de ma haine (que la haine soit excitée)
a meis inimicis ,	par mes ennemis ,
tamen celebramur	cependant nous sommes loués
in omni cœtu hominum ,	dans toute réunion d'hommes ,
gratiis agendis ,	par des grâces rendues ,
et gratulationibus	et par des félicitations
habendis ,	adressées ,
et omni sermone.	et par toute conversation.
Omitto dies festos	Je passe-sous-silence les jours de-fête
Etruriæ,	de l'Étrurie,
et actos, et institutos :	et célébrés, et institués :
hæc lux est centesima	ce jour est le centième
ab interitu P. Clodii,	depuis la mort de P. Clodius ,
et, opinor,	et, je pense ,
non solum	non-seulement
ea fama de illo ,	cette renommée au sujet de lui ,
sed etiam lætitia	mais encore *cette* allégresse
peragravit jam ultra	a pénétré déjà plus loin
quam sunt fines	que *ne* sont les frontières
imperii populi romani.	de l'empire du peuple romain.
Quamobrem , inquit ,	Aussi , dit-il ,
non laboro ,	je ne m'inquiète pas ,
ubi hoc corpus sit,	où ce corps pourra être ,
quoniam gloria	puisque la gloire
mei nominis	de mon nom
et versatur jam	et est répandue déjà
et habitabit semper	et habitera toujours
in omnibus terris.	dans toutes les terres.
XXXVI. Tu sæpe	XXXVI. Toi souvent
hæc mecum,	*tu tenais* ces *discours* avec moi,
his absentibus ;	ces *juges*-ci étant absents ;
sed , iisdem audientibus ,	mais, *ces* mêmes *juges* entendant ,
ego hæc tecum , Milo.	je *tiens* ceux-ci avec toi, Milon.
Non possum quidem	Je ne puis pas à la vérité
te laudare satis ,	te louer assez,
quum es isto animo :	de ce que tu es *animé* de ces sentiments :
sed, quo ista virtus	mais, d'autant cette vertu
est magis divina,	est plus divine,
eo divellor a te	d'autant je suis séparé de toi
majore dolore.	avec une plus grande douleur.
Nec vero , si mihi eriperis,	Ni assurément, si tu m'es arraché
illa querela saltem	cette plainte du moins

querela, ut his irasci possim, a quibus tantum vulnus accepero. Non enim inimici mei te mihi eripient, sed amicissimi;
non male aliquando de me meriti, sed semper optime. Nullum unquam, judices, mihi tantum dolorem inuretis (etsi
quis potest esse tantus?), sed ne hunc quidem ipsum, ut
obliviscar, quanti me semper feceritis. Quæ si vos cepit
oblivio, aut si in me aliquid offendistis, cur non id meo capite
potius luitur, quam Milonis? Præclare enim vixero, si quid
mihi acciderit prius, quam hoc tantum mali videro.

Nunc me una consolatio sustentat, quod tibi, T. Anni,
nullum a me amoris, nullum studii, nullum pietatis officium
defuit. Ego inimicitias potentium pro te appetivi; ego meum
sæpe corpus et vitam objeci armis inimicorum tuorum ; ego
me plurimis pro te supplicem abjeci; bona, fortunas meas,

la triste consolation de pouvoir haïr ceux qui m'auront porté un coup
aussi funeste. Ce ne sont pas mes ennemis qui t'arracheront à moi ;
ce sont mes amis les plus chers; ce sont les hommes qui dans tous
les temps m'ont comblé de bienfaits. Non, citoyens, quelque douleur
que vous me causiez (eh! puis-je en éprouver qui me soit plus sensible?), je n'oublierai jamais les témoignages d'estime que vous
m'avez toujours donnés. Si vous en avez perdu vous-mêmes le sou
venir, si quelque chose en moi a pu vous offenser, est-ce donc à
Milon d'en porter la peine? Je ne regretterai pas la vie, si la mort
m'épargne un spectacle aussi douloureux.

Mon cher Milon, une seule consolation me soutient en ce moment,
c'est que j'ai rempli tous les devoirs de la reconnaissance et de
l'amitié. Pour toi, j'ai bravé la haine des hommes puissants; pour
toi, j'ai souvent exposé ma tête au fer de tes ennemis; je suis des-
cendu pour toi au rang des suppliants; dans tes malheurs, j'ai partagé avec toi mes biens, ma fortune et celle de mes enfants. Enfin,

est reliqua
ad consolandum,
ut possim irasci
his, a quibus accepero
tantum vulnus.
Non enim mei inimici
te eripient mihi,
sed amicissimi;
non meriti de me
male aliquando,
sed semper optime.
Mihi inuretis, judices,
nullum dolorem unquam
tantum
(etsi quis
potest esse tantus?),
sed ne hunc quidem ipsum,
ut obliviscar,
quanti
me feceritis semper.
Si quæ oblivio cepit vos,
aut si offendistis
aliquid in me,
cur id non luitur
meo capite potius
quam Milonis?
Vixero enim præclare,
si quid mihi acciderit
prius, quam videro
hoc tantum mali.
Nunc una consolatio
me sustentat,
quod nullum officium
amoris, studii,
pietatis,
tibi defuit a me,
T. Anni.
Ego appetivi pro te
inimicitias potentium :
ego objeci sæpe
meum corpus et vitam
armis tuorum inimicorum :
ego me abjeci supplicem
plurimis
pro te :
contuli bona,
meas fortunas,

n'est *pas* restant à moi
pour *me* consoler,
à savoir que je puisse m'irriter
contre ceux desquels j'aurai reçu
une si grande blessure.
Car *ce* ne *sont* pas mes ennemis
qui t'arracheront à moi,
mais *mes* meilleurs-amis;
non pas *des hommes* qui ont mérité de moi
mal quelquefois,
mais toujours très bien.
Vous ne m'infligerez, juges,
aucune douleur jamais
si grande
(bien que quelle *douleur*
peut être aussi grande?),
mais pas même celle-ci même,
que j'oublie,
de quel grand *prix* (combien)
vous m'avez fait (estimé) toujours.
Si cet oubli s'est emparé de vous,
ou si vous avez été choqués
en quelque chose en moi,
pourquoi cela n'est-il pas expié
par ma tête plutôt,
que *par celle* de Milon?
Car j'aurai vécu glorieusement,
si quelque *malheur* m'arrive
avant que j'aie vu
ce si grand *excès* de malheur.
Maintenant une seule consolation
me soutient, *savoir*
qu'aucun devoir
d'amitié, de zèle,
de piété,
ne t'a manqué de ma part,
T. Annius.
J'ai recherché pour toi
les inimitiés des puissants :
j'ai exposé souvent
mon corps et *ma* vie
aux armes de tes ennemis :
je me suis prosterné suppliant
devant un très grand nombre *de citoyens*
pour toi :
j'ai apporté mes biens,
ma fortune,

ac liberorum meorum, in communionem tuorum temporum contuli ; hoc denique ipso die, si qua vis est parata, si qua dimicatio [1] capitis futura, deposco. Quid jam restat? quid habeo, quod dicam, quod faciam pro tuis in me meritis, nisi ut eam fortunam, quæcumque erit tua, ducam meam? Non recuso, non abnuo : vosque obsecro, judices, ut vestra beneficia, quæ in me contulistis, aut in hujus salute augeatis, aut in ejusdem exitio occasura esse videatis.

XXXVII. His lacrimis non movetur Milo. Est quodam incredibili robore animi : exsilium ibi esse putat, ubi virtuti non sit locus ; mortem naturæ finem esse, non pœnam. Sit hic ea mente, qua natus est. Quid vos, judices? quo tandem animo eritis? Memoriam Milonis retinebitis, ipsum ejicietis? et erit dignior locus in terris ullus, qui hanc virtutem excipiat, quam hic, qui procreavit? Vos, vos appello, fortissimi viri, qui multum pro republica sanguinem effudistis : vos in

si quelque violence est préparée aujourd'hui contre ta personne, si tes jours sont menacés, je demande que tous les coups retombent sur moi seul. Que puis-je dire de plus? que puis-je faire encore pour m'acquitter envers toi, si ce n'est de me résigner moi-même au sort qu'on te réserve, quel qu'il puisse être? Eh bien ! je ne le refuse pas ; j'accepte cette condition, et je vous prie, citoyens, d'être persuadés qu'en sauvant Milon, vous mettrez le comble à tout ce que je vous dois, ou que tous vos bienfaits seront anéantis par sa condamnation.

XXXVII. Milon n'est pas touché de mes larmes, et rien n'ébranle son incroyable fermeté. Il ne voit l'exil que là où la vertu ne peut être ; la mort lui paraît un terme, et non pas une punition. Qu'il garde donc ce grand caractère que la nature lui a donné. Mais vous, juges, quels seront vos sentiments? Conserverez-vous le souvenir de Milon, et bannirez-vous sa personne? se trouvera-t-il dans le monde un lieu qui soit plus digne de le recevoir que le pays qui l'a vu naître? Je vous implore, Romains, qui avez tant de fois versé votre sang pour la patrie ; braves centurions, intrépides soldats,

ac meorum liberorum,
in communionem
tuorum temporum ;
denique hoc die ipso,
si qua vis est parata,
si qua dimicatio capitis
futura, deposco.
Quid restat jam?
quid habeo, quod dicam,
quod faciam
pro tuis meritis in me,
nisi ut ducam meam
eam fortunam,
quæcumque erit tua?
Non recuso, non abnuo :
vosque obsecro, judices,
ut, aut augeatis
in salute hujus
vestra beneficia,
quæ contulistis in me,
aut videatis
esse occasura
in exitio ejusdem.

XXXVII. Milo
non movetur his lacrimis.
Est quodam robore animi
incredibili :
putat exsilium esse ibi,
ubi non sit locus virtuti;
mortem esse finem naturæ,
non pœnam.
Hic sit ea mente,
qua est natus.
Quid vos, judices?
quo animo
eritis tandem?
Retinebitis
memoriam Milonis,
ejicietis ipsum?
et ullus locus erit in terris
dignior, qui excipiat
hanc virtutem,
quam hic, qui procreavit?
Vos appello, vos,
viri fortissimi,
qui effudistis
multum sanguinem

et *celle* de mes enfants,
dans le partage
de tes circonstances *malheureuses* ;
enfin dans ce jour même,
si quelque violence a été préparée,
si quelque combat de la tête (pour la vie)
doit avoir lieu, je *le* réclame.
Que reste-t-il encore?
qu'ai-je, que je puisse dire,
que je puisse faire
pour tes services envers moi,
sinon que j'estime mienne
cette fortune,
quelle-qu'elle-soit-qui sera la tienne?
Je ne *le* refuse pas, je ne *le* refuse pas :
et je vous conjure, juges,
que, ou vous augmentiez
par le salut de celui-ci
vos bienfaits,
que vous avez amassés sur moi,
ou *que* vous voyiez
ces bienfaits devoir être anéantis
par la perte de *ce* même *homme*.

XXXVII. Milon
n'est pas ému par ces larmes.
Il est *doué* d'une certaine force d'âme
incroyable :
il pense l'exil être là,
où il n'y a pas *de* place pour la vertu ;
la mort être le terme de la nature,
non pas un châtiment.
Qu'il soit (reste) avec cette âme,
avec laquelle il est né.
Que *ferez*-vous, juges?
dans quelles dispositions
serez-vous enfin?
Conserverez-vous
le souvenir de Milon,
chasserez-vous *Milon* lui-même?
et aucun lieu sera-t-il sur la terre
plus digne qui accueille (d'accueillir)
cette vertu,
que celui-ci, qui *l'*a produite?
Je vous interpelle, *je* vous *interpelle*,
hommes très courageux,
qui avez répandu
beaucoup de sang

viri et in civis invicti appello periculo, centuriones, vosque, milites : vobis non modo inspectantibus, sed etiam armatis, et huic judicio præsidentibus, hæc tanta virtus ex hac urbe expelletur? exterminabitur? projicietur?

O me miserum! o me infelicem! revocare tu me in patriam, Milo, potuisti per hos; ego te in patria per eosdem retinere non potero? Quid respondebo liberis meis, qui te parentem alterum putant? quid tibi, Quinte frater, qui nunc abes, consorti mecum temporum illorum? me non potuisse Milonis salutem tueri per eosdem, per quos nostram ille servasset? At in qua causa non potuisse? quæ est grata gentibus. A quibus non potuisse? ab iis, qui maxime P. Clodii morte acquierunt. Quo deprecante? me.

Quodnam ego concepi tantum scelus, aut quod in me tan-

c'est à vous que je m'adresse dans les dangers d'un homme courageux, d'un citoyen invincible : vous êtes présents, que dis-je? vous êtes armés pour protéger ce tribunal; et sous vos yeux, on verrait un héros tel que lui, repoussé, banni, rejeté loin de Rome!

Malheureux que je suis! c'est par le secours de tes juges, ô Milon! que tu as pu me rétablir dans ma patrie, et je ne pourrai par leur secours t'y maintenir toi-même! Que répondrai-je à mes enfants, qui te regardent comme un second père? O Quintus! ô mon frère! absent aujourd'hui, alors compagnon de mes infortunes, que te dirai-je? que je n'ai pu fléchir en faveur de Milon ceux qui l'aidèrent à nous sauver l'un et l'autre? Et dans quelle cause? dans une cause où nous avons tout l'univers pour nous. Qui me l'aura refusé? ceux à qui la mort de Clodius a procuré la paix et le repos. A qui l'auront-ils refusé? à moi.

Quel crime si grand ai-je donc commis? de quel forfait si horri-

pro republica :	pour la république :
vos appello	je vous interpelle
in periculo viri	dans le danger d'un homme *invincible*
et in civis invicti ,	et dans *le danger* d'un citoyen invincible,
centuriones ,	centurions ,
vosque, milites :	et vous , soldats :
vobis	vous
non modo inspectantibus,	non seulement regardant,
sed etiam armatis ,	mais encore *étant* armés ,
et præsidentibus	et présidant
huic judicio,	à ce jugement,
hæc tanta virtus	cette si grande vertu
expelletur ex hac urbe ?	sera-t-elle chassée de cette ville ?
exterminabitur ?	sera-t-elle jetée-hors-des-frontières ?
projicietur ?	sera-t-elle expulsée ?
Ò me miserum !	O moi malheureux !
o me infelicem !	ô moi infortuné !
tu, Milo , potuisti	toi, Milon , tu as pu
me revocare in patriam	me rappeler dans la patrie
per hos ;	au moyen de ces *hommes;*
ego non potero	moi je ne pourrai
te retinere in patria	te faire-rester dans la patrie
per eosdem?	au moyen de *ces* mêmes *hommes ?*
Quid respondebo	Que répondrai-je
meis liberis ,	à mes enfants ,
qui te putant	qui te regardent
alterum parentem?	*comme* un second père ?
quid tibi, Quinte frater,	que te *répondrai-je,* Quintus *mon* frère,
qui nunc abes,	*toi* qui maintenant es-absent,
consorti mecum	*toi* compagnon avec moi
illorum temporum ?	de ces temps-là ?
me non potuisse	moi n'avoir pu
tueri salutem Milonis	défendre le salut de Milon
per eosdem,	au moyen de *ces* mêmes *hommes,*
per quos	au moyen desquels
ille servasset nostram ?	il avait conservé (assuré) le nôtre ?
At in qua causa	Et dans quelle cause
non potuisse ?	ne *l'avoir* pas pu ?
quæ est grata	*dans une cause* qui est agréable
gentibus.	aux nations.
A quibus non potuisse ?	De qui n'avoir pu *l'obtenir?*
ab iis,	de ceux,
qui acquierunt maxime	qui ont le plus trouvé-le-repos
morte P. Clodii.	par la mort de P. Clodius.
Quo deprecante ? me.	Qui *l'implorant?* moi.
Quodnam tantum scelus	Quel si grand crime
ego concepi,	ai-je commis,

tum facinus admisi, judices, quum illa indicia communis
exitii[1] indagavi, patefeci, protuli, exstinxi? Omnes in me
meosque redundant ex fonte illo dolores. Quid me reducem
esse voluistis? An ut, inspectante me, expellerentur, per
quos essem restitutus? Nolite, obsecro vos, pati, mihi acerbiorem reditum esse, quam fuerit ille ipse discessus. Nam
qui possum putare me restitutum esse, si distrahor ab iis,
per quos restitutus sum?

XXXVIII. Utinam dii immortales fecissent (pace tua, patria,
dixerim : metuo enim ne scelerate dicam in te quod pro Milone
dicam pie); utinam P. Clodius non modo viveret, sed etiam
prætor, consul, dictator esset potius, quam hoc spectaculum vi-
derem! O dii immortales! fortem, et a vobis, judices, conservandum virum! Minime, minime, inquit. Immo vero pœnas ille

ble me suis-je donc rendu coupable, lorsque j'ai pénétré, décou-
vert, dévoilé, étouffé cette conjuration qui menaçait l'État tout entier? Telle est la source des maux qui retombent sur moi et sur tous
les miens. Pourquoi vouloir mon retour? était-ce pour exiler à mes
yeux ceux qui m'avaient ramené? Ah ! je vous en conjure, ne souf-
frez pas que ce retour soit plus douloureux pour moi que ne l'avait
été ce triste départ. Puis-je en effet me croire rétabli, si les citoyens
qui m'ont replacé au sein de Rome sont arrachés de mes bras ?

XXXVIII. Plutôt que d'en être témoin, puissé-je, pardonne, ô
ma patrie! je crains que ce vœu de l'amitié ne soit une horrible im-
précation contre toi; puissé-je voir Clodius vivant, le voir préteur,
consul, dictateur ! Dieux immortels! quel courage! et combien
Milon est digne que vous le conserviez! Non, dit-il, non : rétracte
ce vœu impie. Le scélérat a subi la peine qu'il méritait : à ce prix,

aut quod tantum facinus
admisi in me, judices,
quum indagavi
illa indicia
exitii communis,
patefeci,
protuli,
exstinxi?
Omnes dolores
redundant ex illo fonte
in me meosque.
Quid voluistis
me esse reducem?
An ut, me inspectante,
expellerentur,
per quos essem restitutus?
Vos obsecro,
nolite pati,
reditum esse mihi
acerbiorem, quam fuerit
ille discessus ipse.
Nam qui possum putare
me esse restitutum,
si distrahor
ab iis, per quos
sum restitutus?

XXXVIII. Utinam
dii immortales fecissent
(dixerim, patria,
tua pace:
metuo enim
ne dicam scelerate in te
quod dicam pie
pro Milone);
utinam P. Clodius
non modo viveret,
sed etiam esset prætor,
consul, dictator,
potiùs, quam viderim
hoc spectaculum!
O dii immortales!
virum fortem,
et conservandum a vobis,
judices!
Minime, minime, inquit.
Immo vero ille luerit
pœnas debitas;

ou quel si-grand forfait
ai-je admis en moi, juges,
lorsque j'ai recherché
ces preuves
d'une ruine commune,
que je *les* ai découvertes,
que je *les* ai mises-au-jour,
que je *les* ai anéanties?
Toutes les douleurs
rejaillissent de cette source
sur moi et les miens.
Pourquoi avez-vous voulu
moi être de-retour?
Etait-ce pour que, moi *le* voyant,
ceux-là fussent chassés,
par qui j'avais été réintégré?
Je vous *en* conjure,
ne veuillez pas souffrir,
le retour être pour moi
plus douloureux, que *ne l'*a été
ce départ-là même.
Car comment puis-je croire
moi avoir été réintégré,
si je suis violemment-séparé
de ceux par lesquels
j'ai été réintégré?

XXXVIII. Plût au ciel
que les dieux immortels eussent fait
(puissé-je *l'*avoir dit, *ô ma* patrie,
avec ta paix (sans t'offenser):
car je crains
que je ne dise criminellement envers toi
ce que je dirai pieusement
pour Milon);
plût au ciel que P. Clodius
non seulement vécût,
mais même fût préteur,
consul, dictateur,
plutôt que je *ne* visse
ce spectacle!
O dieux immortels!
un homme courageux,
et qui doit être sauvé par vous,
juges!
Pas du tout, pas du tout, dit-il.
Bien-plus même que celui-là ait payé
les peines dues *par lui*;

debitas luerit; nos subeamus, si ita necesse est, non debitas. Hiccine vir, patriæ natus, usquam, nisi in patria, morietur? aut, si forte pro patria, hujus vos animi monumenta retine-bitis, corporis in Italia nullum sepulcrum esse patiemini? Hunc sua quisquam sententia ex hac urbe expellet, quem omnes ur-bes expulsum a vobis ad se vocabunt? O terram illam beatam, quæ hunc virum exceperit! hanc ingratam, si ejecerit! mise-ram, si amiserit!

Sed finis sit : neque enim præ lacrimis jam loqui possum, et hic se lacrimis defendi vetat. Vos oro obtestorque, judices, ut in sententiis ferendis, quod sentietis, id audeatis. Vestram virtutem, justitiam, fidem, mihi credite, is maxime probabit, qui, in judicibus legendis, optimum, et sapientissimum, et for-tissimum quemque elegerit.

subissons, s'il le faut, une peine que nous ne méritons pas. Cet homme généreux, qui n'a vécu que pour la patrie, mourra-t-il autre part qu'au sein de la patrie? ou s'il meurt pour elle, conserverez-vous le souvenir de son courage, en refusant à sa cendre un tom-beau dans l'Italie? Quelqu'un de vous osera-t-il rejeter un citoyen que toutes les cités appelleront quand vous l'aurez banni? Heureux le pays qui recevra ce grand homme! ô Rome ingrate, si elle le bannit! Rome malheureuse, si elle le perd!

Mais finissons : mes larmes étouffent ma voix, et Milon ne veut pas être défendu par des larmes. Je ne vous demande qu'une grâce, citoyens; c'est d'oser, en donnant vos suffrages, émettre le vœu dicté par votre conscience. Croyez-moi : nul ne donnera plus d'éloges à votre fermeté, à votre justice, à votre intégrité, que celui même qui, dans le choix de nos juges, a préféré les plus intègres, les plus éclairés, les plus vertueux des Romains.

nos subeamus,
si est necesse ita,
non debitas.
Hiccine vir,
natus patriæ,
morietur usquam,
nisi in patria?
aut, si forte
pro patria,
vos retinebitis monumenta
animi hujus,
patiemini
nullum sepulcrum corporis
esse in Italia?
Quisquam expellet
ex hac urbe
sua sententia
hunc,
quem expulsum a vobis
omnes urbes
vocabunt ad se?
O beatam illam terram,
quæ exceperit hunc virum!
ingratam hanc,
si ejecerit!
miseram, si amiserit!
   Sed finis sit :
neque enim possum jam
loqui
præ lacrimis;
et hic vetat
se defendi lacrimis.
Vos oro obtestorque,
judices,
ut in ferendis sententiis,
audeatis id,
quod sentietis.
Is probabit maxime,
credite mihi,
vestram virtutem,
justitiam, fidem,
qui, in legendis judicibus,
elegerit quemque optimum,
et sapientissimum,
et fortissimum.

pour nous subissons,
s'il est nécessaire ainsi,
des peines qui ne *sont* pas dues *par nous.*
Est-ce que cet homme,
né pour la patrie,
mourra quelque part,
si *ce* n'*est* dans la patrie?
ou, si par hasard
il meurt pour la patrie,
conserverez-vous les monuments
du courage de lui,
souffrirez-vous
aucun tombeau de *son* corps
n'être en Italie?
Personne chassera-t-il
de cette ville
par son vote
cet *homme,*
que chassé par vous
toutes les villes
appelleront à elles?
O heureuse cette terre,
qui aura recueilli cet homme!
ingrate celle-ci,
si elle *le* rejette!
malheureuse, si elle *le* perd!
   Mais que la fin soit *ici :*
car et je ne puis déjà plus
parler
à cause de *mes* larmes;
et celui-ci interdit
lui être défendu par des larmes.
Je vous prie et *vous* conjure,
juges,
qu'en portant *vos* suffrages,
vous osiez cela,
que vous penserez.
Celui-là approuvera le plus,
croyez-moi,
votre courage,
votre justice, *votre* loyauté,
qui, en choisissant les juges,
a choisi chaque *citoyen* très vertueux,
et très éclairé,
et très courageux.

NOTES.

Page 4. : 1. *Magis de reipublicæ.... perturbetur.* Milon, en effet, n'avait pas voulu imiter les accusés ordinaires, qui se présentaient devant leurs juges avec un habit de deuil; il était assis en face du tribunal, revêtu d'une robe magnifique. Plutarque, *Vie de Cicéron*, XXXV, met ainsi en parallèle la contenance de l'accusé et celle de son défenseur : « Quand il sortit de sa litière, qu'il aperçut Pompée assis au haut de la place, comme dans un camp, et le tribunal entouré d'armes étincelantes, il se troubla et put à peine commencer son discours; tout son corps frissonnait, sa voix était entrecoupée : Milon, au contraire, assistait au jugement avec assurance et courage; il avait même dédaigné de laisser croître ses cheveux et de prendre la robe de deuil, ce qui sans doute ne contribua pas peu à le faire condamner. »

— 2. *Novi judicii nova forma.* Pompée avait fait occuper par des soldats toutes les avenues du Forum; il avait aussi placé des troupes sur les degrés et dans les portiques de tous les temples voisins. Lucain, Pharsale, I, 318 :

> *Quis castra timenti*
> *nescit mixta foro? gladii quum triste minantes*
> *judicium insolita trepidum cinxere corona,*
> *atque, auso medias perrumpere milite leges,*
> *Pompeiana reum clauserunt castra Milonem.*

— 3. *Non enim corona.... stipati sumus.* Le préteur, assis sur sa chaise curule, siégeait sur une estrade élevée, entouré de ses deux licteurs, de ses greffiers et de ses huissiers. Au-dessous étaient les siéges des juges, rangés en demi-cercle. Vis-à-vis des juges, et à leur droite, les bancs des accusateurs; à leur gauche, les bancs des accusés et de leurs défenseurs. Le public entourait l'enceinte fermée par une balustrade. Tel était l'aspect du Forum dans les procès ordinaires; mais comme, dès le premier jour, les partisans de Clodius avaient poussé des clameurs séditieuses, Pompée défendit de laisser personne autour des juges, excepté ceux dont la présence était nécessaire. Les citoyens se réfugièrent sur les toits des maisons qui environnaient le Forum.

— 4. *Pro templis omnibus*. Les temples de Saturne, de Castor et Pollux, de Vesta et de la Concorde, étaient sur le Forum.

— 5. *Non afferunt tamen oratori aliquid*, ne rassurent pas cependant l'orateur. Quelques éditions donnent à tort, et par conjecture, la leçon suivante : *nobis afferunt tamen horroris aliquid*.

Page 8 : 1. *Rapinis.... pavit*. Clodius avait vendu à Pison et à Gabinius des provinces consulaires; il avait partagé avec eux le trésor public, et avait vendu Pessinunte à Burgitarus. Voyez, d'ailleurs, pour le détail de tous les crimes que Cicéron lui reproche, le chapitre XXVII.

— 2. *Hesterna etiam concione.... quid judicaretis*. La veille de la plaidoirie, et lorsque déjà tous les témoins avaient été entendus, le tribun Munatius Plancus avait harangué le peuple, et l'avait excité à venir au Forum imposer aux juges la condamnation de Milon.

— 3. *Amplissimorum ordinum delectis viris*. Les juges avaient été choisis en nombre égal parmi les sénateurs, les chevaliers et les tribuns du trésor. De quatre-vingt-un qu'ils étaient d'abord, ils furent réduits au nombre de cinquante-un, après que les deux parties en eurent récusé chacune cinq de chaque ordre.

Page 10 : 1. *Nobis duobus*. Cicéron a le soin, dès l'abord, de se mettre lui-même en cause avec son client. Tous les deux, ils ont constamment défendu le sénat et la république contre les fureurs de Clodius et de ses partisans. Cicéron a été exilé; Milon est sous le poids d'une accusation capitale. Voilà la récompense de leurs services.

Page 12 : 1. *T. Annii tribunatu*. Milon avait été fait tribun du peuple l'année qui suivit le tribunat de Clodius. C'est pendant qu'il exerçait cette magistrature, qu'il fit prononcer le rappel de Cicéron.

— 2. *Sed, antequam*, etc. Ordinairement la narration trouve sa place immédiatement après l'exorde. Mais cette distribution n'est pas tellement invariable qu'elle ne cède quelquefois aux circonstances et à l'utilité de la cause. Ici les juges étaient remplis de préventions qui les rendaient sourds aux raisons de l'orateur. Il fallait commencer par détruire ces impressions défavorables. Aussi, avant que d'entrer en matière, Cicéron réfute les objections de ses adversaires. Cette réfutation seule peut rendre sa narration vraisemblable. GUEROULT.

Page 14 : 1. *Judicium... M. Horatii*. Celui des trois Horaces qui avait vaincu les Curiaces. C'est le premier exemple d'un jugement exercé

par le peuple; car les rois s'étaient réservé les causes criminelles.
Horace fut jugé dans les comices par curies; depuis la loi des Douze
Tables, les causes capitales étaient renvoyées à l'assemblée des cen-
turies. Voyez le récit de Tite-Live, liv. I.

Page 16 : 1. *Ahala ille.... L. Opimius.* Servilius Ahala, meurtrier de
Spurius Mélius.—Scipion Nasica, qui se mit à la tête du mouvement
dans lequel fut tué Tibérius Gracchus. — L. Opimius, qui, étant
consul, poursuivit et fit tuer C. Gracchus. — Pour Marius, voyez le
chapitre suivant, et Plutarque, *Vie de Marius*, ch. XIV.

— 2. *Me consule.* Allusion à la punition de Céthégus et des autres
complices de Catilina.

— 3. *Eum, qui patris.... liberatum.* Oreste, qui fut traduit devant
l'Aréopage. Comme les sentiments des juges étaient partagés,
Minerve lui donna son suffrage et le fit absoudre. — Au lieu de
divina, un assez grand nombre d'éditions donnent *humana*.
M. Gueroult, qui adopte cette leçon, traduit : « Non-seulement
par le suffrage des hommes, mais encore par celui de la plus sage des
déesses. »

— 4. *Tribunus.* Ce tribun était le neveu de Marius.

Page 18 : 1. *Est igitur hæc.... expediendæ salutis.* Cette période
est donnée avec raison, par Cicéron lui-même, comme un modèle;
Après l'avoir citée, dans son *Orator*, 49, il ajoute : *Hæc talia sunt,
ut, quia referuntur ad ea, ad quæ debent referri, intelligamus, non quæsitum esse numerum, sed seculum.*

Page 20 : 1. *Cædem.... esse factam.* Lorsque le sénat fut informé du
meurtre de Clodius, il rendit un décret avec la formule solennelle :
Ne quid detrimenti respublica capiat.

Page 22 : 1. *Ambusti tribuni.* Allusion à l'incendie du sénat. Pendant
les funérailles de Clodius, le tribun Munatius Plancus haranguait le
peuple. Mais le feu du bûcher gagna la salle du sénat, et fit des pro-
grès si rapides, qu'il força l'orateur à quitter la tribune, et la multitude à se disperser. Cicéron joue sur le mot *ambustus*, qui signifie
brûlé, et qui en même temps était un surnom d'une des branches de
la famille des Fabius.—*Intermortuæ conciones*, harangues mortes en
naissant, sans effet, avortées.

Page 24 : 1. *De illo incesto stupro.* Clodius avait été surpris en
habit de femme chez Pompéia, femme de César, où l'on célébrait
les mystères annuels de la Bonne Déesse. Traduit en justice pour

ce fait, il parvint à se faire absoudre. Voyez pour plus de détails, *Lettres à Atticus*, liv. I, 13, 14, 16, et Plutarque, *Vie de Cicéron*, XXVIII et XXIX.

— 2. *Oppugnationem ædium M. Lepidi.* Deux jours après la mort de Clodius, M. Émilius Lépidus fut proclamé interroi. Les partisans de Clodius vinrent lui demander l'assemblée des comices, et sur son refus, assiégèrent sa maison, dont ils brisèrent les portes. Les amis de Milon arrivant à ce moment pour faire la même demande, les deux partis en vinrent aux mains.

Page 26 : 1. *Extra ordinem.* On était dans l'usage d'appeler les causes suivant l'ordre d'ancienneté. Le sénat voulait qu'on jugeât le procès de Milon *extraordinairement*, c'est-à-dire avant son tour, mais d'après les anciennes lois.

— 2. *Divisa sententia est.* Lorsqu'un orateur apportait à la tribune une proposition qui portait sur plusieurs points, il suffisait de la demande d'un seul sénateur pour que la proposition ne fût pas mise aux voix dans son ensemble, mais successivement dans chacune de ses parties.

— 3. *Nescio quo.* Ce sénateur, que Cicéron ne veut pas nommer, était Q. Fufius; il avait été corrompu à prix d'argent par Munatius Plancus.

Page 28 : 1. *Tam salutarem..... dedisset.* Les juges donnaient leurs suffrages avec des tablettes sur lesquelles se trouvaient ou un A (*absolvo*) pour absoudre, ou un C (*condemno*) pour condamner, ou NL (*non liquet*) pour demander un plus ample informé. La première lettre s'appelait *littera salutaris;* la seconde, *littera tristis;* les deux dernières, *litteræ ampliationis.*

— 2. *M. Catonis.* M. Caton, qui fut depuis appelé Caton d'Utique.

— 3. *M. Drusus.* M. Livius Drusus, dont le tribunat donna lieu à la guerre sociale. Voyez Cicéron, Plaidoyer pour Cn. Plancus, ch. XIV, et Plaidoyer pour Rabirius Postumus, ch. VI et VII.

— 4. *P. Africano.* Le second Africain, Scipion-Émilien. Il fut tué dans son lit, au moment où il s'opposait aux lois séditieuses présentées par Gracchus et Carbon.

Page 30 : 1. *In eadem ista Appia via.* C'était un magnifique chemin que le censeur Appius Claudius fit construire l'an 444 de Rome. Il commençait au sortir de la porte Capène, et finissait à Capoue. Il avait vingt-cinq pieds de largeur, avec des rebords en pierre de douze pieds en douze pieds. On y avait ménagé, d'espace en espace, des espèces de bornes pour aider les voyageurs à monter à cheval, ou pour servir de siéges à ceux qui voulaient se reposer. C. Gracchus y fit placer de petites colonnes qui marquaient les milles. De là cette locution si commune dans les auteurs : *tertio, quarto lapide*. Cette route fut ensuite continuée par Jules César jusqu'à Brindes. Sa longueur, dans toute son étendue, était d'environ 350 milles ; c'est-à-dire de 105 lieues. C'était la plus ancienne et la plus belle de toutes les voies romaines. Aussi en était-elle appelée la reine :

Qua limite noto
Appia longarum teritur regina viarum.

Stace, *Silv.*, III, 2, 12.

— 2. *M. Papirium.* Le fils de Tigrane, roi d'Arménie, fait prisonnier par Pompée, avait été confié à la garde du préteur L. Flavius. Clodius voulut enlever le prisonnier, et livra à ses gardiens, sur la voie Appienne, un combat dans lequel fut tué Papirius, ami de Pompée.

Page 32 : 1. *In suis monumentis.* Clodius descendait d'Appius Cæcus. La voie Appienne pouvait donc être regardée comme un monument de sa famille.

— 2. *Parricidæ.* A Rome, on appelait également *parricide* celui qui avait tué son père et celui qui avait tué un citoyen.

— 3. *In templo Castoris.* Le temple de Castor était voisin du Forum et du sénat.

Page 34 : 1. *In vestibulo ipso Senatus.* Les séances du sénat se tenaient assez souvent dans le temple de Castor.

— 2. *Quoties ego.... effugi.* Clodius avait essayé trois fois de faire assassiner Cicéron.

Page 36 : 1. *Reconciliatæ gratiæ.* Longtemps Pompée et Clodius avaient été ennemis jurés. Quelque temps avant le meurtre de Clodius par Milon, il y avait eu entre eux une réconciliation, qui sans doute n'était pas fort sincère.

— 2. *E florentissimis ordinibus.* Voyez la note 3 de la page 8.

Page 38. — 1. *L. Domiti.* L. Domitius Ahénobarbus. Il avait été consul l'an de Rome 700, deux ans avant le procès de Milon.

— 2. *Dederas enim.... documenta maxima.* Domitius, pendant sa questure, avait dissipé par la force un rassemblement formé par le tribun Cn. Manilius, qui voulait faire passer une loi tendant à distribuer les affranchis dans toutes les tribus, et à leur donner ainsi une certaine influence dans les assemblées du peuple. Manilius était même parvenu à s'emparer du Capitole ; il en fut chassé par Domitius, et perdit quelques hommes de sa troupe.

Page 40 : 1. *Ita tracta esse comitia.* Les comices de l'année précédente avaient été remis de jour en jour, en sorte que les consuls Domitius Calvinus et Valérius Messala n'étaient entrés en charge que le septième mois ; il en fut de même des préteurs, qui n'exercèrent non plus que cinq mois.

Page 42 : 1. *L. Paulum... vellet.* L. Émilius Paulus avait été questeur en Macédoine. Il fut nommé préteur l'année qui précéda le procès de Milon. Enfin, l'an 704 de Rome, il fut élevé au consulat.

— 2. *Ad ejus competitores.* Plotius Hypséus, et Q. Métellus Scipion, beau-père de Pompée.

Page 44 : 1. *Favonio.* Favonius, ami de Caton, dont il partageait les doctrines et dont il égalait la fermeté.

Page 46 : 1. *Ad flaminem prodendum.* Ce flamine était un prêtre de Junon Sospita. Tite-Live, XXII : *Junoni reginæ in Aventino, Junonique Sospitæ Lanuvii, majoribus hostiis, sacrificaretur.* — *Prodere flaminem,* nommer, créer un flamine.

— 2. *Milo autem,* etc. Quintilien cite pour modèle de narration le récit du meurtre de Clodius ; et c'est en effet, dans ce genre, ce que l'antiquité nous a laissé de plus parfait.

Deux morceaux méritent surtout d'être remarqués. Le premier est celui où l'orateur raconte le départ de Milon. « De toutes les préparations, dit Quintilien, la meilleure est celle où il semble qu'il n'entre aucun dessein. Ainsi, quoique Cicéron donne un tour infiniment avantageux à tout ce qu'il expose pour défendre Milon, et faire connaître aux juges que Clodius est l'agresseur, rien ne me paraît plus adroit que cette description si simple en apparence : *Milo autem, quum in senatu fuisset eo die, quoad senatus dimissus est, domum venit ; calceos et vestimenta mutavit ; paulisper, dum se uxor, ut fit, comparat, commoratus est.* Que Milon paraît tranquille ! et que cela est éloigné d'un homme qui médite un assassinat ! C'est la réflexion que Cicéron fait naître, non-seulement par la lenteur qu'il met dans le départ de Milon, mais encore par ces expressions, les plus simples qu'il y ait, et par là plus propres à cacher l'art qu'il emploie. Il n'est assurément personne qui, en écoutant ce récit, ne se persuade qu'il s'agit ici d'un départ sans empressement et sans dessein, d'un simple voyage à la campagne. » Quintil., IV, 2.

Le second endroit où triomphe encore l'art de l'orateur, est celui qui termine la narration. Les esclaves de Milon, furieux et voulant *venger* la mort de leur maître, on croirait qu'il va dire, *tuèrent Clodius;* c'est ce qu'aurait dit un historien; mais l'orateur adoucira par l'expression une idée trop dure, trop choquante par elle-même. *Fecerunt id*, etc. — L'abbé Auger a remarqué que la même tournure oratoire se trouvait déjà dans le plaidoyer de Lysias sur le meurtre d'Eratosthène. GUEROULT.

Page 48 : 1. *Sine uxore*. La femme de Clodius était cette Fulvie, qui épousa Antoine, et perça d'une aiguille la langue de Cicéron mort.

— 2. *Pœnulatus*, vêtu d'une pénule. On appelait ainsi un vêtement qui se mettait par-dessus la tunique, et qui était beaucoup plus étroit que la toge. Il était porté par les soldats et les voyageurs.

— 3. *Magno impedimento, et muliebri....* Quelques éditions donnent : *Magno, et impedito, et muliebri....*

— 4. *Hora undecima*, à la onzième heure du jour, c'est-à-dire une heure avant le coucher du soleil.

Page 54 : 1. *Numquid igitur.... fecerit.* Cicéron va prouver que Clodius a été l'agresseur, et que Milon ne l'a tué que pour se conserver lui-même. Quelques-uns de ses amis voulaient qu'il prît l'affaire autrement, et qu'il soutînt que Clodius ayant été un mauvais citoyen, sa mort était un bien pour la république. Mais comme, dans un État bien policé, la loi seule a droit de punir un citoyen pernicieux, s'en tenir à cet unique moyen, c'était reconnaître Milon coupable; et Brutus, qui, au rapport d'Asconius, avait fait, pour s'exercer, un plaidoyer en faveur de Milon, dans lequel il n'employait que ce moyen de défense, avait plutôt suivi en cela les principes audacieux du stoïcisme que ceux d'une jurisprudence régulière. Cependant ce même moyen, employé subsidiairement, pouvait être utile à la cause. Cicéron n'a pas voulu s'en priver. Après avoir consacré la première partie de son discours à justifier Milon, comme n'ayant tué Clodius qu'à son corps défendant, il en ajoute une seconde, où il déploie toute la force de son éloquence pour invectiver contre Clodius, et prouver que, quand même Milon l'aurait tué de dessein prémédité, il n'aurait fait qu'une action glorieuse et utile à la patrie, en la délivrant d'un scélérat.

Tel est le plan général de la défense de Milon, plan dessiné avec toute l'habileté possible dans une affaire aussi délicate. On ne peut qu'admirer la sagesse avec laquelle l'orateur a disposé son sujet de manière que la partie aride et contentieuse soit la première, et qu'il réserve pour la fin celle qui donne lieu à des tableaux frappants et aux mouvements les plus pathétiques. GUEROULT.

— 2. *Quonam igitur.... Clodium?* Dans la première partie, l'orateur distingue trois époques : les circonstances qui ont précédé le combat, celles qui l'ont accompagné, celles qui l'ont suivi ; il examine l'intention des deux ennemis, la facilité de l'exécution et les suites du combat.

Il démontre que Clodius a eu l'intention de tuer Milon, en établissant quelques propositions :

1° Clodius avait un grand intérêt à se défaire de Milon. Milon n'en avait aucun à se défaire de Clodius, chap. XII et XIII.

2° Clodius haïssait mortellement Milon ; celui-ci n'avait pour lui que cette haine vertueuse et patriotique que nous portons moins à la personne qu'aux vices mêmes du méchant, fin du chap. XIII.

3° La violence a toujours fait le caractère de Clodius, et la modération celui de Milon, chap. XIV, XV et XVI.

4° Accoutumé à braver l'autorité des tribunaux, Clodius se flattait de l'impunité. Milon n'avait pas le même espoir, chap. XVI.

5° Le premier a menacé son ennemi ; il s'est vanté que dans trois jours Milon ne serait plus. Milon ne s'est jamais permis aucune menace, chap. XVI.

6° Enfin, Clodius savait que Milon ne pouvait se dispenser d'aller à Lanuvium, et celui-ci ne pouvait pas même soupçonner qu'il rencontrerait Clodius, chap. XVII, XVIII, XIX.

L'orateur examine ensuite pour lequel des deux l'exécution d'un assassinat était plus facile.

Le combat s'est engagé devant une terre de Clodius, dans un endroit où il employait à peu près mille esclaves à ses constructions insensées. Si Milon avait voulu l'assassiner, il aurait choisi un lieu plus favorable, chap. XX.

Toutes les autres circonstances du fait déposent encore contre Clodius. L'équipage de l'un et de l'autre fait tableau et désigne l'assassin, chap. XXI.

Enfin il passe aux suites du combat. Milon est revenu à Rome ; il n'a pas craint de se mettre au pouvoir du sénat, du peuple, des troupes, de Pompée lui-même. Les bruits répandus à son sujet, les calomnies de ses ennemis, les soupçons, les défiances de ses concitoyens, ne l'ont pas effrayé. Cette noble sécurité prouve l'innocence de Milon. L'homme à qui sa conscience ne reproche rien est tranquille, et le coupable voit partout les apprêts du supplice, chap. XXIII, XXIV. GUÉROULT.

— 3. *Illud Cassianum*, CUI BONO FUERIT. Cette maxime de Cassius, à qui le crime a-t-il dû profiter? — Cassius était un juge renommé pour son intégrité.

Page 56 : 1. *Sexte Clodi*. Ce Clodius était le secrétaire de P. Clodius, dont il était probablement aussi le parent. Clodius se servait de lui pour préparer les troubles et les séditions qu'il voulait faire éclater. Cicéron, dans son discours contre Pison, l'appelle *le chien de Clodius*. Dans un autre discours, *Pour sa maison*, il dit en s'adressant à P. Clodius: *Hoc tu scriptore, hoc consiliario, hoc ministro, rempublicam perdidisti*.

— 2. *Turba nocturna*. L'orateur fait ici allusion aux scènes de désordre qui accompagnèrent l'arrivée à Rome du corps de Clodius.

Page 58 : 1. *Adspexit me*. Il m'a regardé, il vient de me regarder. Sextus Clodius était présent.

— 2. *Movet me quippe lumen curiæ*. Jeu de mots qui fait allusion à ce que Sextus Clodius avait mis le feu à la salle du sénat en brûlant le corps de son patron. Le mot *lumen* s'emploie de la même manière que le mot *flambeau* en français. Ainsi on dit d'un homme qu'il est le flambeau du sénat, *lumen curiæ*. — Cette métaphore a cessé en français d'être approuvée par le bon goût.

— 3. *Spoliatum imaginibus*. Les nobles Romains conservaient les portraits en cire de leurs aïeux; on portait ces images derrière les corps des membres de la famille qui venaient à mourir.

Page 62 : 1. *Ille erat ut odisset*. Construisez : *Erat ut ille odisset*, Il y avait lieu pour lui de haïr, il était naturel qu'il poursuivît de sa haine.

— 2. *Reus enim Milonis.... quoad vixit*. Pendant qu'on s'occupait à Rome du rappel de Cicéron, Clodius avait attaqué à main armée la maison de Milon et celle du préteur Cécilius. Alors Milon cita Clodius en justice, en vertu de la loi *De Vi*, portée par le consul M. Plotius Serranus, l'an 664.

Page 64 : 1. *Quum, mærentibus vobis.... timendum fuit*. Voyez Plutarque, *Vie de Cicéron*, ch. XXX, XXXI et XXXII.

Page 66 : 1. *Ad regiam*. Le palais de Numa, selon les uns, et d'Ancus Martius, selon les autres, qui se trouvait sur la voie Sacrée.

— 2. *P. Sextio.... vulnerato*. Sextius avait reçu vingt blessures; il fut laissé pour mort par les esclaves de Clodius. C'est le même Sextius que Cicéron avait défendu.

Page 68 : 1. P. Cornélius Lentulus Spinther, alors consul avec Q. Cécilius Métellus.

— 2. *Septem prætores*. Le huitième préteur était Appius Clodius, frère de P. Clodius, et qui se déclara seul contre Cicéron.

— 3. *Octo tribuni plebis*. Les deux autres étaient Sext. Atilius Serranus et Num. Quintius; ils avaient refusé de promulguer le décret qui rappelait Cicéron.

— 4. *Capuæ*. A Capoue, où Pompée était duumvir avec Pison.

Page 70 : 1. *In Cn. Pompeium... impetus factus est*. Clodius devenu édile cita Milon, et l'accusa du même crime dont il avait été accusé lui-même. Pompée voulut défendre Milon ; mais à peine eut-il ouvert la bouche, que le parti de Clodius, éclatant en cris et en invectives, s'efforça de l'interrompre. L'affaire fut renvoyée, mais on n'en retrouve plus aucune trace.

— 2. *M. Antonius*. C'est le même qui fut depuis triumvir avec Octave et Lépide, et contre lequel Cicéron écrivit ses *Philippiques*. Antoine, fort jeune encore, s'était attaché à Cicéron, qui l'appuyait alors dans la demande de la questure. Voyez la seconde Philippique, XX.

Page 76 : 1. *Stata sacrificia*, sacrifices qui se célèbrent à jour fixe.

Page 78 : 1. *Mercenario tribuno*. Ces mots désignent Q. Pompée, qui tint en effet une assemblée séditieuse contre Milon et Cicéron. Voyez ci-dessus, ch. X.

— 2. *Arrius, meus amicus*. C'est sans doute le même dont il est question dans *l'Invective contre Vatinius*, ch. XII, et le fils de celui dont il est question souvent dans les Verrines.

Page 80 : 1. *Dixit C. Cassinius.... et Romæ*. Clodius voulait prouver qu'il était à Intéramne la nuit même qu'on l'accusait d'avoir troublé à Rome le sacrifice de la Bonne Déesse. Cicéron, appelé comme témoin, déclara lui avoir parlé à Rome, trois heures seulement avant le sacrifice. Or Intéramne, aujourd'hui *Terni*, ville

188   NOTES.

du duché de Spolette, est éloignée de Rome de quinze milles (quatre lieues et demie). Cassinius avait déposé que, le même jour, Clodius était venu chez lui à Intéramne. Cette déposition, quoique suspecte, pouvait cependant n'être pas fausse, puisqu'il ne fallait que quelques heures pour aller d'une ville à l'autre. Le mot, *eadem hora*, glissé adroitement en cet endroit, est une liberté de l'art oratoire, qui réduit le même jour à n'être que la même heure. GUEROULT.

Page 82 : 1. *Occurrit illud*, cette objection se présente.

— 2. *Testamentum simul obsignavi.* Lorsqu'un citoyen romain faisait son testament, il devait appeler sept témoins, qui le signaient avec lui. Les héritiers signaient eux-mêmes, et pouvaient aussi servir de témoins.

Page 84 : 1. *Dum.* On lit généralement *quum.* Le sens est à peu près le même.

Page 86 : 1. *Aricia.* Aricie, ville du Latium, sur la voie Appienne.

— 2. *Quod ut sciret Milo*, en supposant que Milon sût.

Page 90 : 1. *Id præsertim temporis.* On était alors au mois de février.

— 2. *In Alsiensi.* Pompée avait une maison de campagne près d'Alsium en Étrurie.

Page 92 : 1. *Quid ergo erat moræ et tergiversationis?* Ernesti : *Quid ergo erat? mora et tergiversatio.*

— 2. *Comites Græculi.* C'était alors l'habitude des riches Romains de se faire accompagner par de jeunes Grecs, musiciens ou autres, qui habitaient chez eux.

— 3. *In castra Etrusca.* Le camp de Catilina, en Étrurie. Cicéron ne laisse jamais passer aucune occasion de reprocher à Clodius la part qu'il avait prise comme complice à la conjuration de Catilina.

— 4. *Virum a viro lectum.* Allusion à l'usage où l'on était, dans les dangers pressants, de faire des levées par voie de désignation individuelle. Chaque homme choisissait un homme, *vir virum legebat*, en sorte qu'on n'avait que des soldats d'élite.

Page 94 : 1. *Mulier inciderat in viros. Mulier* est mis ici pour *homo effeminatus.* Dans Quinte-Curce, VIII, 1, Clitus dit à Alexandre : *Pater tuus in viros incidit, tu in feminas.*

Page 98 : 1. Appius, neveu de Clodius et accusateur de Milon.

— 2. *De servis.... nisi de incestu.* La loi défendait de mettre des esclaves à la torture, pour en tirer des aveux contre leurs maîtres, si ce n'est quand il s'agissait d'un *inceste.* Du reste, le mot latin *incestus* n'a pas le sens restreint du mot français *inceste*. On appelait *incestus* le commerce d'un homme avec une vestale, et même avec toute autre femme, si c'était dans un lieu sacré.

— 3. *Proxime deos accessit Clodius.* Cicéron joue sur le mot *accessit*, qu'il prend en même temps au propre et au figuré. — *Propius quam tum quum*, etc. Plus près qu'il ne s'en approcha le jour où il fut surpris dans le lieu même où l'on célébrait les mystères de la Bonne Déesse.

Page 100 : 1. *Cavesis,* prends garde, fais attention. Cette contraction s'explique de deux manières : *Cave, si vis,* ou bien *cavens sis.*

Page 102 : 1. *Quæ oratio.* Milon rentra dans Rome à l'instant même où le palais du sénat était en flammes. Il adressa alors au peuple des paroles violentes contre les satellites de Clodius.

— 2. *Ejus* désigne Pompée.

Page 106 : 1. *Multi etiam Catilinam.... loquebantur.* « Beaucoup même faisaient entendre le nom de Catilina. » C'est-à-dire, beaucoup disaient que Milon allait renouveler la révolte de Catilina. — *Illa portenta,* ces attentats monstrueux de Catilina contre Rome.

Page 108 : 1. *In villam Ocriculanam.* Milon possédait une maison de campagne près d'Ocriculum, ville d'Ombrie, sur le Tibre.

— 2. *Popa,* victimaire, sacrificateur de la lie du peuple, qui vendait à boire et à manger.

— 3. *De circo maximo,* du grand cirque. Là se réfugiaient les voleurs, les courtisanes, et tous ceux qui craignaient les poursuites de l'édile.

Page 110 : 1. *Oppugnata domus C. Cæsaris.* César et Milon étaient ennemis; aussi lorsque César, devenu dictateur, rappela tous les exilés, il en excepta le seul Milon, qu'il nomma dans son décret.

— 2. *Tam celebri loco.* César habitait alors une maison située sur la voie Sacrée.

Page 112 : 1. *Te enim jam appello.* L'orateur termine cette première partie par une espèce de péroraison, où il s'attache à prouver à Pompée, mais avec beaucoup de ménagement, qu'il a été trop prompt à s'alarmer et à se laisser prévenir contre Milon. Il détruit les soupçons qu'il a pu concevoir avec tant de témoignages d'amitié et de respect; tout ce qui pourrait lui déplaire est tellement assaisonné d'éloges, qu'en servant sa cause il ôte à Pompée tout prétexte de s'offenser. Enfin il le prend par son propre intérêt; et ce motif est traité d'une manière d'autant plus remarquable, que nous y trouvons une prédiction claire de la rupture entre Pompée et César, dans un temps où ils paraissaient encore très-unis. GUEROULT.

Page 114 : 1. *Quod si Miloni locus datus esset.* Milon avait demandé à Pompée une entrevue que ce dernier n'avait pas cru devoir lui accorder.

— 2. *Defensum in periculo capitis.* Voyez la note 1 de la page 70.

Page 118 : 1. *Satis armati.... fuerunt.* Dans les moments de crise, le sénat attribuait quelquefois aux consuls un pouvoir extraordinaire, qui ne devait pas durer plus longtemps que le danger. La formule (*versiculus*) était celle-ci : *Videant consules, ne quid respublica detrimenti capiat.* Salluste, *Catilina*, 30, nous explique ainsi la force de ce décret : *Permittitur exercitum parare, bellum gerere, coercere omnibus modis socios atque cives; domi militiæque, imperium atque judicium summum habere. Aliter, sine populi jussu, nulli earum rerum consuli jus est.*

Page 120 : 1. *Contra hesternam concionem illam.* Voyez la note 2 de la page 8.

— 2. *Nec vero me.... movet.* Cicéron n'avait pas voulu établir sa défense sur le plan qu'on lui avait proposé. Cependant il ne le rejette pas tout entier. Après s'être habilement servi de toutes les circonstances pour démontrer, dans la première partie, que Clodius a été l'agresseur, dans la seconde il va plus loin, et soutient que si Milon a tué Clodius de dessein prémédité, il a rendu un service signalé à la république, et mérité des éloges et des récompenses.

GUEROULT.

— 3. *Non Sp. Melium.... non Tib. Gracchum.* Voyez la note 1 de la page 16.

— 4. *Nefandum adulterium.* On ne sait si cet adultère de Clodius avec la femme de César fut réellement consommé. Toutefois César répudia Pompéia.

Page 122 : 1. *Cum sorore germana.... comperisse.* Plutarque, *Vie de Cicéron*, XXIX : « Lucullus produisit des servantes qui déposèrent que Clodius avait eu commerce avec la plus jeune de ses sœurs, femme de ce même Lucullus. »

— 2. *Qui civem, quem senatus,* etc. C'est de lui-même que Cicéron veut parler.

— 3. *Qui regna dedit, ademit.* Clodius avait vendu Pessinunte à un Gallo-grec, nommé Brogitarus, et lui avait décerné le titre de roi; il avait enlevé l'île de Chypre au roi Ptolémée.

— 4. *Partitus est.* Clodius avait donné la province de Syrie à Gabinius, et celle de Macédoine à Pison : tous deux l'avaient aidé à chasser Cicéron.

— 5. *Singulari virtute et gloria civem.* Pompée.

— 6. *Ædem Nympharum.* C'était dans le temple des Nymphes qu'étaient conservés les registres des censeurs et les dénombrements.

— 7. *Ut memoriam.... exstingueret.* Clodius avait intérêt à anéantir les registres du cens, afin d'introduire plus facilement le désordre et la confusion dans les tribus, en y faisant entrer des affranchis et des gens sans aveu.

Page 124 : 1. *Etruscos.* Clodius avait ravagé les forêts des Étrusques. Voir plus haut, au ch. X : *Servos agrestes et barbaros, quibus silvas publicas depopulatus erat Etruriamque vexarat,* etc.

— 2. *Q. Varium.* C'est peut-être le même qui est cité comme témoin dans la *Seconde action contre Verrès,* XLVIII.

— 3. *In lacu Prelio.* Ce lac était entre Rome et Viterbe.

— 4. *T. Furfanio.* Cicéron en fait encore mention dans ses *Lettres familières,* VI, 8.

Page 126 : 1. *Qua invidia.... conflagrandum,* pour rejeter sur un tel homme tout l'odieux d'un assassinat.

— 2. *Appium fratrem.* Appius Clodius, qui fut depuis censeur avec L. Pison.

— 3. *Sororis.* Clodius avait trois sœurs: celle dont nous avons parlé plus haut (note 1 de la page 122); Térentia, mariée à Marcius Rex; et Clodia, mariée à Métellus Céler. Cette dernière « était surnommée Quadrantaria, parce qu'un de ses amants lui avait envoyé une bourse remplie de monnaie de cuivre au lieu de pièces d'argent. On appelle à Rome *quadrans* la plus petite monnaie de cuivre. » Plutarque, *Vie de Cicéron,* XXIX.

Page 128 : 1. *Medius fidius,* probablement, pour *Deus fidius me juvet.*

— 2. *Clamaret T. Annius.* « Cicéron me semble avoir choisi ses moyens en orateur habile, lorsqu'il a préféré de mettre cette assertion en hypothèse, et non pas en fait: elle en a bien plus de force. Il y avait quelque chose de trop dur à dire crûment : j'ai voulu le tuer, et je l'ai tué. Au lieu qu'après avoir présenté son adversaire comme l'agresseur, comme l'insidiateur, on est reçu bien plus favorablement à dire : quand même j'aurais voulu sa mort, il m'en avait donné le droit. On parle alors à des esprits préparés, qui peuvent plus aisément se laisser persuader ce qui aurait pu les révolter d'abord. Cette progression dans les idées qu'on présente, et dans les impressions qu'on veut produire, est un des secrets de l'art oratoire. On obtient, avec des ménagements et des préparations, ce qu'on ne pourrait pas emporter de vive force. Mais après toutes les précautions qu'il a prises, Cicéron paraît triompher, lorsqu'il dit: Si, dans ce même moment, Milon, tenant à la main son épée encore sanglante, s'écriait: Romains, écoutez-moi: oui, j'ai tué Clodius, etc. » La Harpe, *Cours de littérature*, tome III.

Page 132 : 1. *Ut ea cernimus, quœ videmus. Cernere*, de κρίνειν, voir distinctement. *Videre*, simplement *voir;* avoir l'organe de la vue frappé par un objet.

Page 140 : 1. *Sed hujus beneficii.... sibi deberi putant.* Ici l'orateur fait disparaître l'accusé. Ce n'est plus Milon qui a tué Clodius, ce sont les dieux qui l'ont puni. Milon n'a été que l'instrument de la Providence, de cette Providence que l'univers annonce, et que personne ne peut méconnaître, à moins de fermer les yeux à la lumière du soleil qui nous éclaire, et de voir, sans être frappé, le mouvement admirable du ciel et des astres, l'ordre et la vicissitude des saisons. Tout ce morceau sur la Providence est un des traits les plus frappants de ce Discours, et fait autant d'honneur au philosophe qu'à l'orateur. C'est donc à la Providence seule qu'il faut attribuer un si grand bienfait; ce sont les dieux protecteurs de l'empire, outragés depuis si longtemps par cet impie, qui l'ont puni euxmêmes. L'orateur, transporté par son enthousiasme, atteste et invoque leurs autels. Il s'adresse à Jupiter lui-même. Ici se trouve ce beau mouvement de l'éloquence, cette apostrophe vive et pathétique que Quintilien cite comme un modèle, en parlant du style véhément : *Vos enim jam, Albani tumuli atque luci,* etc.

Si l'on considère le lieu où Clodius a perdu la vie (c'est devant un temple de la Bonne Déesse, dont il avait profané les saints mystères), la manière dont ses satellites ont brûlé son corps (ils ne lui ont pas même rendu ces tristes devoirs, ces derniers honneurs, que des ennemis ne refusent pas à leurs ennemis), on reconnaîtra aisément les marques terribles du courroux des dieux : si, d'un autre côté, on veut se représenter l'état affreux de la république, on verra encore que ces dieux, en vengeant leurs droits outragés, ont sauvé la patrie que les hommes ne sauraient plus défendre contre ce furieux. GUEROULT.

— 2. *Nullam vim esse ducit.* Quelques éditions portent *majestatem* au lieu de *vim ;* d'autres donnent *dicit* au lieu de *ducit.* D'autres enfin ajoutent *cœlestem* après *vim.*

Page 142 : 1. *Neque in his corporibus.... tam præclaro motu.* La négation *neque*, placée à la tête de la phrase, exclut tout ce qui suit. Elle nie la vérité d'une proposition qui serait ainsi conçue: *Inest in nostris corporibus quiddam quod vigeat et sentiat, et non inest in hoc naturæ tanto, tam præclaro motu.*

Page 144 : 1. *Sociæ et æquales.* C'est près des collines d'Albe que Clodius avait été tué. Cicéron appelle les autels des Albains *sociæ sacrorum populi romani*, parce que tous les ans les Romains et les Albains se réunissaient pour immoler un taureau à Jupiter Latial. Ce sacrifice commun avait été établi par Tarquin le Superbe, en mémoire du traité fait entre Albe et Rome. — *Æquales,* du même âge, contemporains.

— 2. *Lacus.* Il y avait dans le Latium trois lacs : le lac *Nemorensis*, celui de Juturne, et le lac d'Albe, le plus connu des trois.

Page 146 : 1. *Judicio illo nefario.* Cicéron veut parler du jugement qui avait absous Clodius, accusé d'avoir profané les mystères. Voyez la note 1 de la page 24.

— 2. *Ejus satellitibus.* Il s'agit sans doute ici de Sextus Clodius, de Munatius Plancus et de Q. Pompée. Voyez la note 1 de la page 56, la note 2 de la page 8, et la note 1 de la page 78.

— 3. *Sine imaginibus.* Voyez la note 3 de la page 58.

— 4. *Ambureretur*, il fut brûlé tout autour, seulement autour, à moitié. Cicéron a dit plus haut déjà, XIII : *Semiustulatum.... reliquisti.*

Page 148 : 1. *Mortem*, employé ici pour faire antithèse avec *vita*, a le sens de *cadaver.*

Page 150 : 1. *Incidebantur jam.... addicerent.* Entre autres, la loi que Clodius préparait pour accorder aux affranchis le droit de voter non-seulement dans les tribus de la ville, mais encore dans celles de la campagne, où jusque-là n'étaient inscrits que les propriétaires et les citoyens les plus distingués.

— 2. *Hoc anno.* L'année où Clodius devait être préteur.

PLAIDOYER POUR T. A. MILON. 9

— 3. *Ipsum illum*. Pompée.

— 4. *Suos consules*. Hypséus et Scipion.

Page 152 : 1. *Virum consularem*. Cicéron lui-même.

Page 154 : 1. *Ultor*. Un assez grand nombre d'éditeurs ont préféré *ustor*, qui est donné par quelques manuscrits.

— 2. *Insepulti*. La préposition *in* n'est pas ici négative. Il existe des exemples du verbe *insepelire*, ensevelir.

— 3. *Cœdi vidistis.... M. Cœlius*. Milon avait distribué de l'argent à la populace, que M. Célius, tribun du peuple, exhortait à prendre parti pour lui. Les partisans de Clodius dispersèrent l'assemblée et blessèrent plusieurs citoyens.

Page 156 : 1. *Sed jam satis multa de causa*. Cicéron excelle dans ses péroraisons. Nul autre orateur n'a mieux su remuer le cœur par les doux sentiments de la compassion. Attendri et touché, il semble laisser aller son style, qui prend de lui-même cet air de négligence et de désordre, ce ton et ce langage de la douleur, si propres à toucher et à attendrir ceux à qui l'on parle. Mais il s'est surpassé lui-même dans la péroraison de la *Milonienne*. La contenance ferme et hardie de Milon pouvait indisposer contre lui quelques-uns de ses juges. Il n'avait point fait ce que les accusés avaient coutume de faire pour se les rendre favorables; il n'avait pris ni le deuil ni le ton d'un suppliant, il ne témoignait aucune crainte. L'orateur trouve le moyen de lui faire auprès d'eux un mérite de cette intrépidité même. Il emploie une comparaison tirée du spectacle des gladiateurs, où le public s'intéresse pour ceux qui s'offrent hardiment à la mort.

Cette fermeté de Milon ne permet pas à son défenseur de descendre à d'humbles prières. Cicéron le fait parler sur un ton de grandeur qui convient à son caractère. Comme l'exil était la peine à laquelle il pouvait être condamné, il exprime, en parlant de cet exil, les sentiments les plus nobles et les plus généreux, un zèle pour sa patrie, qui ne peut qu'intéresser en sa faveur. Dans ses paroles respire toute la fermeté d'une âme vertueuse, mais cette fermeté est douce: elle n'éclate point en reproches. Ce mélange de douleur et de fermeté excite en sa faveur le double intérêt de l'admiration pour la vertu, et de la compassion pour l'infortune.

Bientôt l'orateur prend pour lui-même le rôle de suppliant. Il faut se rappeler que Cicéron, qui plaidait la cause de Milon, était l'égal du président du tribunal, consulaire comme lui, et supérieur en dignité à la plupart des juges. C'est ce qui l'autorise à leur présenter sa douleur comme un objet qui doit les intéresser. Ce n'est donc plus pour Milon qu'il sollicite leur compassion, c'est pour lui-même. Il se peint comme le plus malheureux des hommes. Que dira-t-il à son frère, à ses enfants, qui voient dans Milon un second père? Ne pourra-t-il donc rien pour un citoyen qui a tout fait pour lui? Ne l'a-t-on rappelé lui-même dans sa patrie que pour lui porter un coup plus sensible que l'exil et la mort? Hélas! on le punit, parce qu'il a sauvé l'État. Ses larmes et ses gémissements étouffent sa voix, et, par un dernier effort, il implore la clémence, la justice et la sagesse de ses juges. GUEROULT.

Page 160 : 1. *Clodianis armis.* Clodius avait enrôlé, devant le tribunal Aurélien, tous les citoyens perdus de dettes et de crimes, ainsi qu'une multitude d'esclaves.

— 2. *Italiæ voces*, c'est-à-dire les acclamations qui saluèrent dans toute l'Italie le retour de Cicéron.

Page 162 : 1. *Hæc arma.* Les troupes qui environnaient le Forum.

Page 166 : 1. *Etruriæ festos.... dies.* Les habitants de l'Etrurie avaient célébré des fêtes en réjouissance de la mort de Clodius.

— 2. *Centesima lux.... et, opinor, ultra quam fines.* D'autres éditions portent : *Centesima lux est hæc ab interitu P. Clodii, et, ut opinor, altera ; qua fines,* etc.

Page 170 : 1. *Dimicatio.* D'autres lisent *diminutio.* Cette leçon n'offre pas de sens satisfaisant.

Page 174 : 1. *Illa indicia communis exitii.* Nouvelle allusion à la conjuration de Catilina.

ÉVÉNEMENT DE LA CAUSE.

Quatre-vingt-un juges avaient écouté la plaidoirie. L'accusateur et l'accusé avaient chacun le droit d'en récuser quinze ; ainsi le nombre se trouva réduit à cinquante et un. Milon n'eut que treize suffrages pour lui ; mais il en eut un bien honorable, et qui seul pouvait être regardé presque comme l'équivalent de tous les autres ; ce fut celui de Caton. L'usage était de voter au scrutin ; Caton, qui se déclara pour l'accusé, donna son suffrage à haute voix. Velléius Paterculus pense que, s'il eût été un des premiers opinants, son exemple aurait entraîné un grand nombre de juges. *M. Cato palam lata absolvit sententia ; quam si maturius tulisset, non defuissent, qui sequerentur exemplum.* Vell. Pat., II, 47.

Le désastre de Milon fut complet. Après cette première condamnation, il en essuya trois autres, dans l'espace de peu de jours, à trois tribunaux, devant lesquels il ne comparut pas.

Sauféius fut jugé au même tribunal ; sa cause était plus mauvaise que celle de Milon ; c'était lui qui avait fait tuer Clodius, après avoir forcé l'hôtellerie où celui-ci avait été transporté après sa blessure. Cicéron prit sa défense et parvint à le faire absoudre.

Sextus Clodius, chef du parti contraire, fut condamné au bannissement, pour avoir brûlé le palais du sénat.

Les tribuns Pompéius Rufus et Munatius Plancus Bursa, lorsqu'ils furent sortis de charge, furent condamnés comme complices de Sextus.

Quatre ans après, pendant la guerre civile, l'an 705 de Rome, Milon essaya, de concert avec Célius, de soulever une partie de l'Italie en faveur de Pompée ; mais il périt bientôt à l'attaque de Cosa, petite ville du pays des Hirpins, où il fut atteint d'une pierre lancée du haut des murailles. (César, *de Bell. Civ.*, III, 22 ; Velléius, II, 68, etc.) GUEROULT.

www.ingramcontent.com/pod-product-compliance
Ingram Content Group UK Ltd.
Pitfield, Milton Keynes, MK11 3LW, UK
UKHW021926070726
13614UKWH00001B/277